Andreas Stradner

***

Ökonomische Betrachtung

von

Business Networking im Internet

www.salzwasserverlag.de

Stradner, Andreas

Ökonomische Betrachtung von Business Networking im Internet

1. Auflage 2007

ISBN-13: 978-3-86741-003-8

Nachdruck, auch auszugsweise, nur mit schriftlicher Genehmigung des Verlags

© CT Salzwasser-Verlag GmbH & Co. KG, Bremen/Hamburg, 2007 (www.salzwasserverlag.de)

Druck und Herstellung: Hohnholt Reprografischer Betrieb GmbH, Bremen (www.hohnholt.com)

Dieser Titel unterliegt dem Gesetz zur Regelung der Preisbindung von Verlagserzeugnissen (BGBl. I Nr. 63 vom 5. September 2002)

Die Deutsche Bibliothek verzeichnet diesen Titel in der Deutschen Nationalbibliografie. Bibliografische Daten sind unter http://dnb.ddb.de verfügbar.

Vorwort

Was mit einem kurzen Exposé begann, ist neun Monate später eine abgeschlossene Diplomarbeit zum Thema Business Networking im Internet. 500 Personen waren in die drei durchgeführten Untersuchungen involviert. Ein eigens zur Kontaktpflege mit Experten eingerichtetes Weblog begleitete meine Untersuchungen.

Der Online Networking Boom ist ungebrochen: Während meiner Untersuchung ist das openBC-Netzwerk von 500.000 auf über eine Million Mitglieder angewachsen. Auch das Interesse an wissenschaftlichen Studien zu diesem Thema ist groß: Allein in den letzten drei Monaten wurde ich mit drei Anfragen von Diplomanden konfrontiert, die sich dem Thema im Rahmen ihrer Diplomarbeit widmen wollen. Die Open Business Club GmbH selbst hat kürzlich ihre zweite internationale Studie zum Thema Kommunikation & Networking im Internet veröffentlicht. Die Ergebnisse sind auch in die vorliegende Diplomarbeit eingeflossen.

Dank gebührt an dieser Stelle allen Teilnehmern meiner Befragungen, aber auch den Input-Gebern und hier im Besonderen meiner Diplomarbeits-Betreuerin Frau Ing. Mag. Margit Wendelberger, den Coaches Frau MMag. Dr. Astrid Wiesenöcker und Frau Mag. Dr. Gudrun Perko, sowie meiner Partnerin Martina Bachmayer.

Business Networking im Internet ist erst durch das Zurückdrängen der Anonymität in der Online-Welt möglich geworden. Die Scheu vor der Preisgabe der eigenen Identität im Internet hat stark abgenommen. Soziale Applikationen, die unter dem Stichwort „Web 2.0" ins Leben gerufen werden, nützen diesen Trend. Immer mehr Menschen nutzen das Web im Businessbereich, um Kontakte zu knüpfen, Reputation aufzubauen und Vertrauen herzustellen. Aber auch Themen wie Privatsphäre und Datenschutz gewinnen damit an Bedeutung. Sehr spannend also, wohin die Entwicklung geht. Die vorliegende Untersuchung widmet sich nun erstmals der ökonomischen Betrachtung von Online Networking.

Andreas Stradner

Wien, am 24. April 2006

Inhaltsverzeichnis

Abbildungsverzeichnis

Tabellenverzeichnis

1 Einleitung

1.1 Problemstellung und Zielsetzung

Jeder Mensch ist über sechs Ecken mit jedem anderen Menschen der Welt verbunden. Nach dieser bereits 1929 entstandenen Theorie, die 1967 erstmals empirisch untersucht wurde, wurde sogar ein Theaterstück benannt, das vor einigen Jahren in Hollywood verfilmt wurde.

Und genau diese Theorie ist die Grundidee, die hinter den Social Networking Sites steht. Diese Networking Sites haben es sich zur Aufgabe gemacht, Geschäftsleuten Business Networking im Internet zu ermöglichen. Der erste Versuch war eine 1997 gestartete Plattform, die bezeichnenderweise SixDegrees.com hieß, im Jahr 2001 aber mangels erfolgreichen Geschäftskonzepts wieder eingestellt wurde. 1999 folge mit Ecademy.com in England das erste reine Business-Netzwerk, das auch heute noch existiert und erfolgreich ist. Im Jahr 2003 folgte der Start der beiden heutigen Marktführer auf dem Gebiet: In den USA mit der Networking Site LinkedIn.com, die bereits 5 Millionen Mitglieder hat, und in Europa OpenBC.com mit mittlerweile 1 Million Mitglieder.

Diese Millionen Mitglieder sind Teil dieser Business-Netzwerke. Sie stellen ihre eigene Person in Benutzerprofilen vor und bilden online ihre vorhandenen sozialen Netzwerke ab, in dem sie Verbindungen zu anderen Personen in das System eintragen. Neben der Eintragung von Verbindungen mit bereits bestehenden Kontakten, die Mitglied der Plattform sind, erfolgen laufend weitere Vernetzungen mit neu erschlossenen Kontakten sowie Erweiterungen des Netzwerks durch Einladungen zur Mitgliedschaft. Somit wächst das Netzwerk kontinuierlich und soziale Strukturen werden sichtbar gemacht.

Online-Networking zu betreiben heißt nun, diese Business-Netzwerke zu benutzen, um gezielt Kontakte anzubahnen und zu pflegen. Da sich mittlerweile, wie bereits erwähnt, ein Millionenpublikum mit Online-Networking beschäftigt und ein beträchtlicher Anteil in diese Systeme viel Zeit investiert, drängt sich die Frage nach dem Nutzen auf. Und da es sich um Business-Anwendungen handelt, ist die Frage eine ökonomische: **Welchen Erfolg bringt Business Networking im Internet?**

Zielsetzung dieser Diplomarbeit ist die Beleuchtung und ökonomische Auseinandersetzung mit Business-Netzwerken im Internet, ihrer Entstehung und Funktionsweise sowie die erstmalige empirische Erhebung ihres ökonomischen Nutzens für die Benutzer – am Beispiel von OpenBC.com, geografisch eingegrenzt auf Österreich.

Da unterschiedliche Networking-Ziele identifizierbar sind, teilt sich die bereits formulierte Forschungsfrage in drei Teilfragen:

1. Welchen Erfolg bringt Business Networking im Internet bei der Suche nach **Aufträgen / Kunden, Lieferanten** und **Kooperationspartnern**?

2. Welchen Erfolg bringt Business Networking im Internet bei der Suche nach **Stellen bzw. Kandidaten für Stellen**?

3. Welchen Erfolg bringt Business Networking im Internet bei der Suche nach **Experten und Wissen**?

1.2 Vorgangsweise und Methodik

Neben der theoretischen Heranführung an das Thema Online-Networking werden drei quantitative Erhebungen sowie ein Vergleich mit einer von openBC selbst erstellten Studie durchgeführt.

Die erste quantitative Erhebung in Form einer Online-Befragung wird sich an neu angemeldete Mitglieder der Business Networking Site „Open Business Club" (OpenBC) wenden. Diese Neumitglieder werden nach ihren Erwartungen an die Plattform bzw. an Online-Networking generell befragt.

2

Die zweite Erhebung baut auf dem durch die Ersterhebung zusammengestellten Panel auf. Dieses Mitglieder-Panel wird nach drei Monaten Nutzungsdauer erneut befragt. Diesmal wir der tatsächlich eingetretene ökonomische Nutzen abgefragt. Im Vergleich zu den Erwartungen kann damit der ökonomische Erfolg für diese Benutzer ermittelt werden.

In einer dritten Erhebung werden danach Langzeit-Mitglieder von OpenBC befragt, die neben einer Mindest-Mitgliedschaftsdauer von einem Jahr auch einen bestimmten Aktivitätsgrad vorweisen. Diese Benutzer sollen als „Best Practice" veranschaulichen, welcher ökonomische Erfolg bei besonders intensiver und langfristiger Nutzung realisierbar ist und damit im Vergleich zu den Neumitgliedern die Potenziale von Online-Networking aufzeigen.

1.3 Aufbau der Untersuchung

Die Untersuchung ist in fünf Abschnitte gegliedert. Abschnitt Eins widmet sich der Einführung in das Forschungsthema mit der Erläuterung der Problemstellung, der Formulierung der Forschungsfragen sowie der Vorstellung der gewählten empirischen Methodik und des Aufbaus der Untersuchung.

Im zweiten Abschnitt wird das relevante Wissen zu sozialen Netzwerken vermittelt. Neben historischen, soziologischen und ökonomischen Grundlagen über soziale Netzwerke werden die möglichen Betrachtungsperspektiven von Netzwerken vorgestellt und vertieft. Die Relevanz von Vertrauen findet in diesem Abschnitt besondere Beachtung, da sie nicht nur Grundlage von sozialen Beziehungen und damit von sozialen Netzwerken ist, sondern ein besonders kritisches Kriterium im Online-Umfeld darstellt. Eine Übersicht von bedeutenden Netzwerken in der Praxis bildet den Abschluss dieses Abschnitts.

Abschnitt Drei führt den Leser zum Online-Networking bzw. zu Online Networking Sites. Dies beginnt mit der Erörterung des Einflusses von neuen Medien auf soziale Netzwerkstrukturen. Danach folgt die Vorstellung von Social Software im Allgemeinen und Social Networking Sites bzw. Online-Netzwerken im Besonderen.

Eine Marktübersicht und die Analyse der Funktionalitäten von O-penBC schaffen die Basis für das Verständnis von Online-Networking, welches für den empirischen Teil relevant ist. Letztlich wird, wie angekündigt, Vertrauen und auch Reputation im Online-Kontext problematisiert.

Der vierte Abschnitt ist der empirische Forschungsteil der Untersuchung. Hier sind die in Kapitel 1.2 vorgestellten drei Untersuchungen eingegliedert, sowie eine Gegenüberstellung mit der zweiten internationalen openBC-Studie „Kommunikation und Networking im Internet".

2 Soziale Netzwerke

Zu Beginn wird der Begriff „Soziales Netzwerk" definiert. Kapitel 2.1 vermittelt die Grundlagen des Forschungsthemas „Soziale Netzwerke". Zur Annäherung an das Thema sind zwei Zugänge denkbar[1,2]: Die Betrachtung aus globaler Sicht („whole network aproach" oder „bounded approach"), die soziale Netzwerke als Ganzes und somit als abgegrenztes Set von Akteuren betrachtet (in Kapitel 2.2), sowie die Betrachtung aus personaler Sicht („egocentric approach"), bei der der jeweilige Akteur im Mittelpunkt des Netzwerks steht, und seine Relationen nach außen analysiert werden (Kapitel 2.3). Vertrauen und Reputation als wichtigste Grundlage von sozialen Netzwerken werden in Kapitel 2.4 erläutert. Die Bedeutung von sozialen Netzwerken in der Praxis schließt mit Kapitel 2.5 den aktuellen Abschnitt ab.

Castilla et al[3] definieren das soziale Netzwerk folgendermaßen: "A social network can be defined as a set of nodes or actors (persons or organisations) linked by social relationships or ties[4] of a specified type". Dies weist auf die Präsenz von sozialen Netzwerken überall da hin, wo es zwischen Menschen oder Organisationen soziale Beziehungen gibt, ob gewollt oder nicht.

Weyer[5] sieht im sozialen Netzwerk „eine eigenständige Form der Koordination von Interaktionen … deren Kern die vertrauensvolle Kooperation autonomer, aber interdependenter (wechselseitig voneinander abhängiger) Akteure ist, die für einen begrenzten Zeitraum zusammenarbeiten und dabei auf die Interessen des jeweiligen Partners Rücksicht nehmen, weil sie auf diese Weise ihre partikularen Ziele besser realisieren können als durch nicht-koordiniertes Handeln." Damit stellt er Netzwerke im Gegensatz zu Castilla et al als gewollte, zielorientierte und temporäre Zusammenarbeit dar.

---

[1] Vgl. Garton / Haythornthwaite / Wellman (1999): S. 88
[2] Vgl. Cross / Parker (2004): S. 143
[3] Castilla / Hwong / Granovetter / Granovetter (2000): S. 219
[4] „tie" kann mit Band, Beziehung oder Bindung übersetzt werden
[5] Weyer (2000): S. 11

Diese zwei Ansätze veranschaulichen die beiden Annähungen zum Thema soziale Netzwerke: Weyers Betrachtungsweise der willkürlich abgegrenzten Sets von Akteuren mit dem Ziel der gemeinsamen Bevorteilung und der Betrachtung aus der Sicht des gesamten Netzwerks ist dem „full-network approach" bzw. dem institutionenökonomischen Ansatz zuzuordnen. Granovetters Sichtweise der für den einzelnen Akteur durch seine sozialen Handlungen ständig präsenten sozialen Netzwerke kann dem „ego-centric approach" zugeordnet werden. Er verbindet mit dem Begriff des Netzwerks keine bestimmte Strukturvorstellung und entspricht der soziologischen Netzwerkanalyse.

2.1 Grundlagen

Ich sage nur, […] dass Networking eine Haltung ist und keine Karrieretechnik. Also vergessen Sie sofort, dass Sie mit Networking-Techniken andere Menschen instrumentalisieren können. Es funktioniert nicht - und wenn, nur kurzfristig und zum nachhaltigen Schaden für Sie.

Harald Katzmair, FAS.research

Zu den Grundlagen der sozialen Netzwerke ist eine Erläuterung der historischen Aspekte von Netzwerken erforderlich (Kapitel 2.1.1). Danach soll der Begriff „sozialer Kontakt" (Kapitel 2.1.2), das Prinzip Wechselseitigkeit (Kapitel 2.1.3) und der Begriff „Networking" (Kapitel 2.1.4) erläutert werden. Das Aufbauen von Sozialkapital als zentrales Motiv von Networking wird in Kapitel 2.1.5 analysiert.

2.1.1 Historie von Netzwerken

Soziale Netzwerke sind erstmals in der Geschichte als Horden in Erscheinung getreten. Bei einer Horde handelt es sich um eine soziale Struktur, *„die Konkurrenz und destruktive Impulse zumindest vorübergehend ausschließt bzw. kanalisiert"*[6]. Sie umfasste zumindest minimale Arbeitsteilung (beispielsweise zwischen Jäger und Treiber).

---

[6] Weyer (2000): S. 259

Auch die sich aus Horden entwickelten „Clans" zählen zu den Vor-
läufern der Netzwerkorganisation[7].

Modernere Vorläufer heutiger Netzwerke sind:

- **Ordensgemeinschaften**, die ursprünglich aus religiösen Moti-
  ven während der Kreuzzüge entstanden sind. Besonders bekannt ist der Templerorden (auch „Tempelritter" genannt;
  1118 gegründet, 1312 aufgelöst) oder der Johanniterorden (etwa 1070 gegründet; heute nennt sich der katholische Zweig
  „Malteserorden", der protestantische Zweig „Johanniterorden").
- **Freimaurer.** 1717 gegründete weltumspannende humanitäre
  Initiationsgemeinschaft mit strengen Regeln und Organisati-
  onsstrukturen. Sie steht prinzipiell im Konflikt zur Kirche[8].
- **Religiöse Bruderschaften** wie die 1386 gegründete Bruder-
  schaft St. Christoph (15.000 Mitglieder im Jahr 2004[9]) oder die
  Muslimbruderschaft.

2.1.2 Soziale Kontakte

Das Knüpfen und Pflegen sozialer Kontakte ist ein wesentliches
Bedürfnis des Menschen und Bestandteil der Bedürfnispyramide
nach Maslov. Die folgende Abbildung zeigt diese Pyramide. Auf der
untersten Ebene sind die physiologischen Grundbedürfnisse wie
Gesundheit und Essen. Diese Bedürfnisse sind die wichtiger als alle
darüber liegenden Ebenen. Die nächstbedeutende Ebene ist Sicherheit, danach folgen soziale Beziehungen und soziale Anerkennung
als ein wichtiges Bedürfnis des Menschen. An der Spitze steht
Selbstverwirklichung, ein Bedürfnis dass erst dann zu tragen

---

[7] Vgl. ebenda: S. 260
[8] Vgl. Ratzinger / Hamer (1983): Urteil der Kirche unverändert – 26. November
1983. URL:
http://www.vatican.va/roman_curia/congregations/cfaith/documents/rc_co
n_cfaith_doc_19831126_declaration-masonic_ge.html (abgerufen am 15.02.2006)
[9] Auskunft von Gerda Werner per E-Mail. Weitere Informationen auch auf
http://www.bruderschaft-st-christoph.org

kommt, wenn alle anderen Bedürfnisse ausreichend befriedigt werden können.

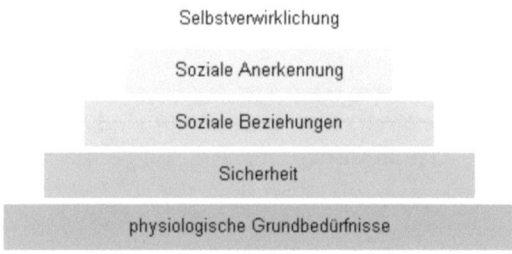

Abbildung 1: Bedürfnispyramide nach Maslow
(Quelle: Wikipedia[10])

Im Folgenden sollen nun die Begriffe „Beziehung" und „Bindung" erläutert werden.

Beziehungen (*relations*) werden durch ihre Stärke (Kommunikationshäufigkeit, Wichtigkeit der ausgetauschten Informationen, Höhe des ausgetauschten Sozialkapitals[11]), ihren Inhalt (wie beispielsweise Informationsbeziehung, Freundschaft, Verbindung durch Mitgliedschaft) und ihre Ausrichtung (Beziehungen können gerichtet und ungerichtet sein) charakterisiert[12].

Ungerichtete Beziehungen sind beispielsweise „sich anlässlich eines Ereignisses treffen", ein Beispiel für eine gerichtete Beziehung ist „helfen".

---

[10] Wikipedia (2006): Maslowsche Bedürfnispyramide, in: Wikipedia, Die freie Enzyklopädie. Bearbeitungsstand: 16. März 2006, 09:18 UTC. URL: http://de.wikipedia.org/w/index.php? title=Maslowsche_Bed%C3%BCrfnispyramide&oldid=14708639 (abgerufen am 18.03.2006)

[11] Dem Thema Sozialkapital widmet sich das Kapitel 2.1.4

[12] Vgl. Garton / Haythornthwaite / Wellmann (1999): S. 78

Jansen hält fest, dass Beziehungen darüber hinaus freiwillig oder unfreiwillig eingegangen werden und selten völlig ausbalanciert sind[13].

Bindungen (*ties*) verbinden Paare von Akteuren durch eine oder mehrere Beziehungen. Ein Paar von Akteuren kann durch eine einzige Beziehung gebunden sein (beispielsweise einer Mitgliedschaft in derselben Organisation) oder auch durch mehrere Beziehungen (Mehrfachbindung oder *multiplex tie*). Ein Beispiel dafür ist die Bindung durch eine Freundschaftsbeziehung und einer beruflichen Beziehung.

Bindungen haben gemäß Granovetter[14] sowohl Stärke (die Unterscheidung zwischen schwachen, starken und latenten Bindungen wird in Kapitel 2.3.2 erläutert) als auch Inhalt (wie beispielsweise Informationsbeziehung, Freundschaft, Verbindung durch Mitgliedschaft).

Je mehr Beziehungen in einer Bindung existieren, desto multiplexer ist diese. Multiplex- oder Mehrfach-Bindungen sind vertrauter, freiwillig und dauerhaft.[15]

2.1.3 Das Prinzip Wechselseitigkeit

Grunwald[16] sieht Wechselseitigkeit als eine uralte universelle Norm zwischenmenschlicher Beziehungen. Bereits Aristoteles betonte, dass es die Austauschbeziehungen sind, die Menschen aneinander binden. Eine altrömische Rechtsformel besagt: „do ut des" (ich gebe, damit du gibst). Die berühmte Goldene Regel ist in den Weltreligionen verankert: Verhalte dich so, wie es vom anderen dir gegenüber auch erwartest.

---

[13] Vgl. Jansen (2003): S. 22
[14] Castilla / Hwang / Granovetter / Granovetter (2000): S. 219
[15] Vgl. Wellman, Barry (1992): Which types of ties and networks give what kinds of social support?, 207-235, zitiert nach Garton / Haythornthwaite / Wellman (1999): S. 80
[16] Vgl. Grunwald (1997): S. 209 f – in: Vertrauen und soziales Handeln / Schweer

Es werden drei Arten des Prinzips der Wechselseitigkeit unterschieden:

- Generalisierte (altruistische) Wechselseitigkeit: A gibt B etwas, ohne etwas von B ausdrücklich zu erwarten (zum Beispiel bei nahen Verwandten oder Freunden)
- Gleichgewichtete (ökonomische) Wechselseitigkeit: Die gegenseitigen Zuwendungen von A und B sind äquivalent
- Negative (egoistische) Wechselseitigkeit: A bereichert/ profiliert sich auf Kosten von B

Soziale Interaktion und Reziprozität

Eine soziale Interaktion wird als Austauschprozess verstanden, der dieselben Antriebskräfte bei beiden Interaktionspartnern voraussetzt. Es genügt somit nicht, dass ein Akteur Interesse an einem Austausch bekundet, er muss vielmehr auch in der Lage sein, einen „Gegenwert" anzubieten. Dieser Gegenwert muss für den anderen Akteur interessant sein und diesem auch entsprechend kommuniziert werden.[17]

Wird innerhalb einer sozialen Interaktion die Leistung eines Akteurs nicht unmittelbar durch eine Gegenleistung abgegolten, so ergibt sich aus der vorausgesetzten Doppelseitigkeit des Interesses für die „in der Schuld" stehende Partei eine soziale Verpflichtung zu reziprokem Verhalten.

Der in der Schuld stehende Akteur hat von dem vorausleistenden Akteur einen Vertrauensvorschuss erhalten. Die beschriebenen Austauschprozesse setzen somit prospektiv ausgerichtetes Vertrauen voraus – und zwar darauf, dass eine Gegenleistung erfolgt. Zumeist beginnen Austauschbeziehungen mit geringen Vertrauensleistungen, die sich mit Stärkung bzw. Dauer der Bindung stei-

---

[17] Vgl. Bosshardt (2001): S. 78

gern, da immer mehr auf retrospektives Vertrauen zurückgegriffen werden kann.[18]

2.1.4 Networking

Networking als Aktivität zur Herbeiführung von sozialen Kontakten soll in diesem Kapitel definiert und abgegrenzt werden.

Für Furnham ist Networking „*the process of building relationships within and between groups*"[19]. Etwas genauer wird Scheler[20], der Networking als methodische und systematische Tätigkeit betrachtet, mit der Aufgabe, Kontakte zu Menschen zu suchen, Beziehungen zu pflegen und längerfristig zu gestalten, und dem Ziel der gegenseitigen Förderung und des gegenseitigen persönlichen Vorteils. Renz[21] sieht hier den Unterschied zu „*herkömmlichen sozialen Beziehungen und den alltäglichen Interaktionsvorgängen*" sowie die Tatsache, dass es sich bei Networking „*um ein strategisches Vorgehen handele*" besser betont.

Die strategische und zielgerichtete Charakteristik von Networking macht eine Abgrenzung zum Lobbying notwendig. Networking wird dabei als *beziehungsorientiert* gesehen, während Lobbying *deal-orientiert* ist[22].

2.1.5 Sozialkapital

„The new currency won't be intellectual capital. It will be social capital – the collective value of whom we know and what we'll do for each other. When social connections are strong and numerous, there is more trust, reciprocity, infor-

---

[18] Vgl. Bosshardt (2001): S. 93
[19] Furnham (1997): S. 541, zitiert nach Renz (2006): S. 13
[20] Vgl. Scheler (2000), S. 26
[21] Renz (2006): Praktiken des online-gestützten Netzwerkens am Beispiel von OpenBC: S. 13
[22] Vgl. Katzmair (2005a): S. 65

mation flow, collective action, happiness, and, by the way, greater wealth."

James Kouzes, Chairman Emeritus of Tom Peters Company

Das Aufbauen von Sozialkapital als zentrales Motiv von Networking bzw. als Motiv von sozialen Bindungen wird im Folgenden genauer erläutert. Neben der Begriffsabgrenzung (Kapitel 2.1.4.1) wird erklärt, wie Sozialkapital entsteht (Kapitel 2.1.4.2) und analysiert, welche Relevanz und welchen Wert Sozialkapital für den einzelnen Akteur darstellt.

2.1.5.1 Definition und Zuordnung

Soziale Beziehungen haben einen Wert als „Soziales Kapital". *„Man investiert Zeit und Energie in soziale Beziehungen und hat davon mehr oder weniger große Erträge in Form von ökonomisch nutzbaren und Gewinn bringenden Gelegenheiten".*[23]

Katzmair unterscheidet daher drei Formen von Kapital:

Abbildung 2: Drei Arten von Kapital

Quelle: Katzmair (2005b): Excellent Networks: S. 27

---

[23] Friedschröder (2005): S. 65

Boxman et al[24] definieren Sozialkapital als *"the number of people who can be expected to provide support and the ressources those people have at their disposal."*

Für Knoke[25] ist es *"the process by which social actors create and mobilize their network connections within and between organizations to gain access to other social actors' resources"*.

Glaser / Laibson / Sacerdote[26] definieren „*individual social capital as a person's social characteristics – including social skills, charisma, and the size of his Rolodex[27] – which enables him to reap market and non-market returns from interactions with others."* Damit machen sie zwei Komponenten für die Bildung von Sozialkapital verantwortlich: Die eigenen Fähigkeiten (Extrovertiertheit, Charisma usw.) sowie die Investitionen in die Bildung von Sozialkapital (Zeit, Geld etc.), die beispielsweise in einem großen Adressbuch münden.

Neben diesem Ansatz, der Sozialkapital als individuelles Gut versteht, „*das dem Einzelnen aufgrund seiner Einbettung in sein soziales Gefüge zur Verfügung steht*"[28], existiert auch der Ansatz, Sozialkapital als kollektives Gut zu betrachten. Vertreter dieser Sicht sind Robert Putnam oder J. Coleman.

2.1.5.2 Entstehung

Soziale Beziehungen als Quelle

Um Sozialkapital zu erlangen, muss eine Person zu anderen Personen in Beziehung stehen. Und es sind diese anderen Personen, die als Quelle von Vorteilen bzw. Sozialkapital dienen können.[29]

---

[24] Boxman et al (1991): S. 52, zitiert nach Adler / Kwon (1999), S. 27
[25] Knoke (1999): S. 18, zitiert nach Adler / Kwon (1999), S. 27
[26] Glaeser / Laibson / Sacerdote (2002): S. 438
[27] Für „Rolodex" gibt es keine wörtliche Übersetzung, sinngemäß ist es eine Art Adressbuch oder Filofax.
[28] Vgl. Renz (2006): S. 17
[29] Vgl. Portes (1998), S. 7

Dabei kommt es oft zum Wechselspiel zwischen Vorleistung und Gegenleistung. Durch das Anbieten eigener Hilfeleistung (Ökonomisches Kapital, Sozialkapital oder Humankapital) wird dem Gegenüber eine Vorleistung erbracht, von der man sich erhofft, sie später in anderer Form zurück zu erhalten. In diesen Erwartungen steckt das Sozialkapital.

Damit es zu diesem Wechselspiel und der Vorleistung kommen kann, ist entsprechendes Vertrauen des vorleistenden Akteurs in den Empfänger notwendig. Darauf wird im Kapitel 2.4 genauer eingegangen.

Für Jansen[30] bedingt der strukturelle Charakter von Sozialkapital, dass der Prozess seiner Produktion oft nicht bewusst ist. Er wird eher beiläufig gemeinsam mit anderen Handlungen produziert. Sie verweist auf den Vorteil, dass soziales Kapital damit ohne Zusatzkosten produziert wird, aber auch auf den Nachteil, dass man es nur bedingt gezielt herstellen kann. Im Gegensatz zu positivem Sozialkapital führt sie auch negatives Sozialkapital an – in Form von strukturellen Zwängen und Barrieren.

Soziale Netzwerke als Quelle

Das Eintreten in ein soziales Netzwerk ist aufgrund der Vielzahl der sozialen Bindungen, die damit entstehen, die bestmögliche Form, um an Sozialkapital zu gelangen[31]. Auch Portes[32] weist darauf hin: *"Social networks are not a natural given and must be constructed through investment strategies oriented to the instutionalization of group relations."*

Bei der Generierung von Sozialkapital aus Netzwerken sind zwei Varianten zu unterscheiden:

---

[30] Vgl. Jansen (2003) : S. 26
[31] Vgl Glaeser / Laibson / Sacerdote (2002): S. 443
[32] Vgl. Portes (1998), S. 3

- **Netzwerke mit hoher Dichte**

  Dichte Netzwerke[33] (*dense Networks*), deren Akteure untereinander durch starke Bindungen[34] verknüpft sind, liefern soziale Unterstützung[35]. Beispiele dafür sind Freundes- und Familienkreis.

- **Strukturelle Löcher**

  Aus dem Vorhandensein schwacher Bindungen[36] kann ebenfalls Sozialkapital geschöpft werden. Durch eine schwache Verbindung eines Akteurs kann er eine Brückenfunktion zwischen zwei Netzwerken einnehmen. Der Akteur ist selbst in ein dichtes Netzwerk eingebunden und unterhält mit seiner schwachen Bindung zu einer Person in einem anderen sozialen Netzwerk die Brückenfunktion zur Überbrückung dieses strukturellen Loches (*structural hole* oder auch *cutpoint* genannt).

  Brückenfunktionen kommen ausschließlich durch schwache Verbindungen zustande, da die Bezugsperson zum anderen Netzwerk sonst selbst Teil des dichten Netzwerkes des Akteurs wäre. Die Brücke ermöglicht dem Akteur nun Zugang zu Informationen und Ressourcen, die den anderen Teilnehmern seines dichten Netzwerkes aufgrund ihrer fehlenden Verbindungen verwehrt bleiben und kann dies zu seinem Vorteil nutzen[37]. Beispiele dafür sind Mitgliedschaften in Organisationen oder berufliche Kontakte.

---

[33] Die Definition von „Density" erfolgt im Kapitel 2.2.1.2
[34] Auf starke Bindungen wird in Kapitel 2.3.2.1 eingegangen
[35] Vgl. Jansen (2003): S. 105
[36] Auf schwache Bindungen wird in Kapitel 2.3.2.2 eingegangen
[37] Vgl. Jansen (2003): S. 106

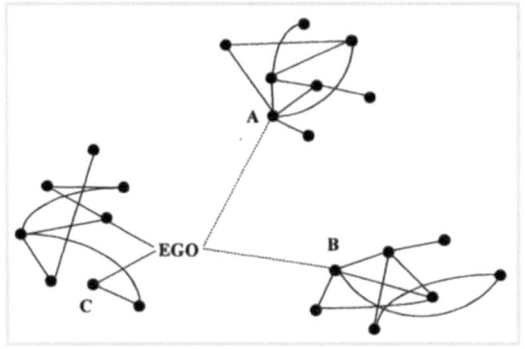

Abbildung 3: Strukturelle Löcher und „weak ties"

Quelle: Weyer (2000), S. 37

Abbildung 3 zeigt Ego als Akteur, der schwache Verbindungen zu A und B unterhält und damit das strukturelle Loch zu deren sozialen Netzwerk überbrückt. Er kann nun Akteure unterschiedlicher sozialer Kreise miteinander in Verbindung bringen und daraus selbst Nutzen ziehen.

2.1.5.3 Relevanz und Wert

„Wie in jedem Kapitalkreislauf verwertet sich auch das soziale Kapital, indem es in andere Kapitalien/Güter/Leistungen umgesetzt wird, die dann ihrerseits unter Umständen wieder eingesetzt werden, um Beziehungskapital zu vermehren."[38]

Weyer unterscheidet fünf **Leistungen oder Werte** unterscheiden, die soziales Kapital vermitteln kann[39]:

1. Familien- und Gruppensolidarität, die auf sozialen Schließungsprozessen beruhen
2. Vertrauen in die Geltung allgemeiner sozialer Normen
3. Information

---

[38] Weyer (2000): S. 37 f
[39] ebenda, S. 38

4. Profitchancen durch strukturelle Autonomie

5. sozialer Einfluss

Wie bereits erwähnt, leisten dabei unterschiedliche Sozial-strukturen unterschiedliche Dienste. Was für den einen Wert – beispielsweise Solidarität – nützlich ist, kann für einen anderen Zweck – Informationszugang – schädlich sein.

Dem gegenüber stehen folgende **Nachteile bzw. Risiken**[40]:

1. Kosten der Knüpfung und Pflege von Beziehungen (Zeit, Geld)

2. Einschränkung der Freiheiten

3. Überdimensionale Erwartungen und Forderungen der Beziehungspartner

Messung von Sozialkapital

Knack / Keefer[41] formulieren in einer Publikation: *"If social capital is to be more than a "buzzword" its stock should somehow be measureable, even inexactly ...but measurement seems very far away"* Es fehlte bisher an Ansätzen zur Messung von Sozialkapital.

Ein erster Ansatz ist die „Network Valuation Formula" von David Teten[42]:

---

[40] Adler / Kwon (1999): S. 29
[41] Knack / Keefer (1997): S 1255
[42] Teten / Allen (2005): S. 225

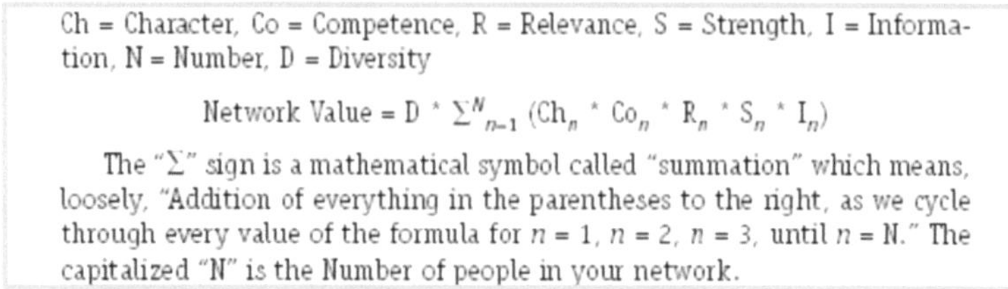

Ch = Character, Co = Competence, R = Relevance, S = Strength, I = Information, N = Number, D = Diversity

Network Value = $D * \sum_{n=1}^{N} (Ch_n * Co_n * R_n * S_n * I_n)$

The "$\sum$" sign is a mathematical symbol called "summation" which means, loosely, "Addition of everything in the parentheses to the right, as we cycle through every value of the formula for $n = 1$, $n = 2$, $n = 3$, until $n = N$." The capitalized "N" is the Number of people in your network.

Abbildung 4: Network Valuation Formula (SM)

2.2 Betrachtung aus globaler Sicht

The truly central position in networks is reserved for those nodes that are simultaneously part of many large clusters.

Albert-László Barabási

Bei der globalen Betrachtungsweise *(whole network approach)* wird zuerst das Netzwerk, dem das Interesse gilt, definiert bzw. abgegrenzt. Danach wird jede Person dieser Gruppe über ihre Beziehungen zu jedem anderen Gruppenmitglied befragt. Im Gegensatz zur personalen Betrachtung, wo der befragte Akteur die Namen seiner Beziehungen nennt, wird hier die Liste der Namen vorgegeben. Neben Befragungen sind (in Unternehmen) auch das Analysieren von E-Mail-Verkehr oder Telefonaten eine Möglichkeit, Aufschluss über die Beziehungen der Akteure untereinander zu erhalten.[43]

Mit diesem Wissen um das Beziehungsgeflecht aller Akteure im Netzwerk können nun grafische Darstellungen des Netzwerks, so genannte „Soziogramme" erstellt werden. Dabei unterstützen Software-Lösungen wie InFlow[44].

Darüber hinaus kann eine Reihe von Netzwerk-Maßzahlen berechnet werden, die Auskunft über Struktur und Eigenschaften des Netzwerks geben. Dazu ist es zunächst notwendig, die bedeutendsten Maßzahlen kennen zu lernen (Kapitel 2.2.1). Danach folgt

---

[43] Vgl. Cross / Parker (2004): S. 143 f
[44] Hersteller OrgNet (www.orgnet.com)

die Erklärung von Netzwerk-Begriffen, mit denen bestimmte Strukturen und Konstellationen innerhalb von sozialen Netzwerken beschrieben werden (Kapitel 2.2.2) und die Erläuterung des so genannten „Small World Phänomens" (Kapitel 2.2.3) und dessen Zusammenhang mit Netzwerk-Strukturen.

2.2.1 Maßzahlen

2.2.1.1 Size of a Network

Die Größe eines Netzwerks wird als sehr wichtig angesehen. Hanneman hält fest: „*Size is critical for the structure of social relations because of the limited resources and capacities that each actor has for building and maintaining ties.*"[45] Auch Granovetter[46] weist darauf hin.

Je größer die Gruppe bzw. das Netzwerk, desto geringer wird die tatsächliche Anzahl an Bindungen im Vergleich zur möglichen Anzahl (abnehmende "Density"[47]) und desto wahrscheinlicher wird die Bildung von Clustern[48].

2.2.1.2 Density of a Network (Netzwerk-Dichte)

Um zu ermitteln, wie geschlossen ein Netzwerk ist, gibt es die Netzwerk-Dichte (density of ties). Sie wird ermittelt aus der Anzahl der tatsächlich vorhandenen Bindungen in Relation zur potenziellen Anzahl von Bindungen.

Nach Barabási[49] waren es Watts und Strogatz, die diese Größe ursprünglich als „clustering coefficient" einführten[50].

---

[45] Hanneman (2001): S. 41
[46] Vgl. Granovetter (2005): S. 34
[47] Siehe dazu Maßzahl "Density"
[48] Siehe dazu Gruppen, Cluster, Cliquen in Kapitel 2.2.2.1
[49] Watts / Strogatz (1998): Collective Dynamics of Small-World Networks, in: Nature 393: S. 440-442, zitiert nach Barabási (2003): S. 46
[50] Vgl. Newman (1999): S. 2

Beispiel: Ein Netzwerk aus 3 Personen A, B und C ermöglicht das Vorhandensein von 3 Bindungen (A-B, B-C, A-C), wenn allerdings nur Bindungen zwischen A-B und B-C bestehen, existieren nur 2/3 der möglichen Bindungen, die Netzwerkdichte ist 0,66.

Je höher die Dichte ist (maximal 1), desto geschlossener das Netzwerk. Es wird dann als Cluster bezeichnet und bewirkt hohes Solidaritäspotenzial.

2.2.1.3 Multiplexität

Multiplexität ist ein komplexerer Indikator für das Solidaritätspotenzial eines Netzwerks. Dabei wird, wie in Kapitel 2.1.2 angesprochen, berücksichtigt, dass Bindungen zwischen Personen multiplex sein können, da sie aus mehreren Beziehungen bestehen können.

2.2.1.4 Kohäsion

Mit Kohäsion (cohesion) wird nach Cross / Parker der Durchschnitt der kürzesten Pfade zwischen jedem Paar von Akteuren innerhalb eines Netzwerks angegeben.[51]

Weyer[52] und Jansen[53] definieren den Kohäsionsgrad hingegen als Ausmaß gegenseitiger Wahlen. D.h. es wird ein zwischen den Akteurpaaren in beide Richtungen positive Beziehung vorausgesetzt, um daraus die Netzwerkdichte zu errechnen.

2.2.1.5 Distanz

Die Distanz (*distance*) zwischen zwei Akteuren eines Netzwerks (*nodes*) gibt Auskunft über ihre Entfernung zueinander[54]. Besteht eine direkte Bindung zwischen den Akteuren A und B, dann beträgt die Distanz 1. Wenn A jedoch B kennt, und B kennt C, dann ent-

---

[51] Vgl. Cross / Parker (2004): S. 157
[52] Vgl. Weyer (2000): S. 47 f
[53] Vgl. Jansen (2003): S. 111
[54] Vgl. Hanneman (2001): S. 46

spricht die Distanz von A zu C dem Wert von 2. Für diese Maßzahl hat sich auch der Ausdruck „degrees of separation" (Grade der Trennung) durchgesetzt. Demnach ist A zu B einen Grad entfernt, er ist sein Freund. A ist zu C dagegen zwei Grade entfernt, er ist der Freund des Freundes. Populär wurde der Ausdruck „Six Degrees of Separation". Diese Annahme besagt, dass jeder Mensch der Welt mit jedem anderen über 6 Ecken verbunden sei[55].

2.2.1.6 Actor Centrality

Berechnet man nun alle möglichen Pfade zwischen allen möglichen Akteur-Paaren eines Netzwerks und ermittelt dann, wie oft jeder Akteur durchschnittlich auf diesen Pfaden liegt, so kann man die Maßzahl „**Actor centrality**" ermitteln, die als Prozentzahl die Relation zur maximal möglichen Zahl an „betweeness" angibt.

2.2.1.7 Exzellenz von Netzwerken

„Das" exzellente Netzwerk gibt es nicht- die Struktur eines Netzwerks ist seiner Funktion untergeordnet. Katzmair entwickelte in einer Studie einen vierteiligen „Exzellenzzyklus", in dem alle vier Phasen der Wertschöpfung berücksichtigt werden: Forschung, Entwicklung, Produktion, Diffusion. Je nach Aufgabe ist ein unterschiedlicher Grad an Effizienz, Stabilität und Diversität wünschenswert.

Die drei Exzellenz-Dimensionen sind[56]:

- **Effizienz (efficiency)**

    Netzwerke sollen zweckmäßig sein für einen raschen Transport von Wissen und Ideen in alle Netzwerkbereiche

- **Stabilität (Stability)**

    Netzwerke sollen starke Bindungen und Vertrauen gewährleisten und das Netzwerk krisensicher (gegenüber internen und externen Veränderungen) machen.

- **Diversität (Diversity)**

---

[55] Siehe dazu Kapitel 2.2.2 ("Small Worlds")
[56] Katzmair (2005):

Netzwerke sollen einen gewissen Grad an Unterschiedlichkeit ihrer Akteure aufweisen, damit Neues überhaupt entstehen kann.

Diese Dimensionen sind insgesamt mit 8 Kriterien besetzt. Deren Gewichtung hängt nun von der Aufgabe des Netzwerks ab.

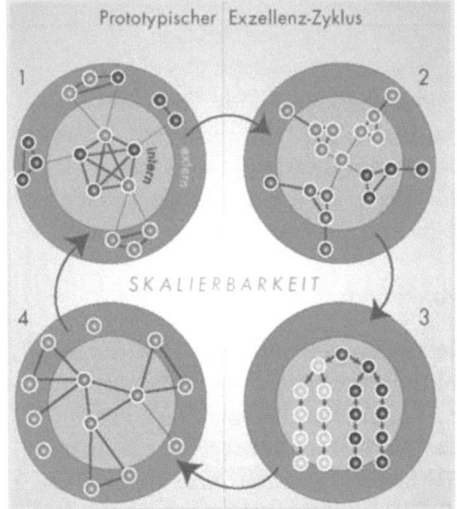

Abbildung 5: Prototypischer Exzellenz-Zyklus (cycle of excellence)
Quelle: Katzmair (2005b): S. 28-30

Die Abbildung zeigt die vier Netzwerk-Typen der Wertschöpfungskette:

1. Research
2. Development
3. Diffusion
4. Production

Jede dieser Stufe in der Wertschöpfungskette hat eine andere Optimalkonfiguration der erwähnten 8 Kriterien. Jene für die Stufe „Research" ist in der folgenden Abbildung ersichtlich.

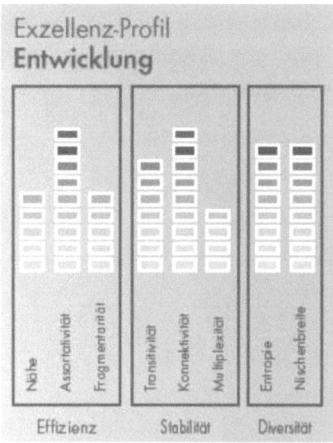

Abbildung 6: Profile of Excellence (Research)
Quelle: Katzmair (2005b): S. 31

2.2.2 Netzwerkbegriffe

2.2.2.1 Gruppen, Cluster, Cliquen

Ein durch Bindungen dicht verknüpftes Set von Akteuren wird als Gruppe bezeichnet[57]. Weitere gängige Bezeichnungen sind Cluster oder Clique. In Gruppen existiert eine hohe Zahl der potenziell möglichen Bindungen tatsächlich.

Hanneman definiert die Clique folgendermaßen: „…*a clique is a sub-set of a network in which the actors are more closely and intensely tied to one another than they are to other members of the network.*[58]". Die kleinstmögliche Clique besteht gemäß Hanneman aus 2 Personen, der so genannten Dyade.

Die Maßzahl, mit der diese Dichte solcher Cliquen oder Gruppen gemessen wird, ist die „Network density"[59]. Diese dicht ge-

---

[57] Vgl. Garthon / Haythornthwaite / Wellman (1999): S 84
[58] Hanneman (2001): S.79
[59] Siehe dazu Kapitel 2.2.1.2 („Density of a network")

knüpften Netzwerke zeichnen sich durch starke Bindungen aus. Im ausgeprägtesten Fall kennt nicht nur der Akteur seine Freunde, sondern alle diese Freunde sich auch gegenseitig.

Abbildung 7: Network density
Quelle: FAS.research 2005

Vorteil solcher engen Netzwerke sind die auf soziale Schließung zurück zu führende Solidarität und soziale Unterstützung[60]. Nachteilig ist die Redundanz von Informationen, da über solche Gruppen wenig neuartige Informationen zu beziehen sind.[61]

2.2.2.2 Hubs, Vermittler

Akteure mit einer überdurchschnittlich hohen Zahl an Bindungen werden als „Hubs" oder „Vermittler" (*Connectors*) bezeichnet[62]. Cross / Parker[63] bezeichnen sie als „Central Connectors". Diese nehmen aufgrund ihrer vielen Kontakte eine zentrale Stellung in (Sub)Netzwerken ein und können damit als Verteiler für Informationsflüsse agieren.

---

[60] Vgl. Weyer (2000): S. 37
[61] Vgl. Watts (2003): S. 40
[62] Vgl. Barabási (2003): S. 56
[63] Cross / Parker (2004): S. 71

Barabási. und Gladwell[64] sehen in den Connectors eine wesentliche Rolle in sozialen Netzwerken der Gesellschaft. *„They create
trends and fashions, make important deals, spread fads, or help launch a
restaurant."*[65]

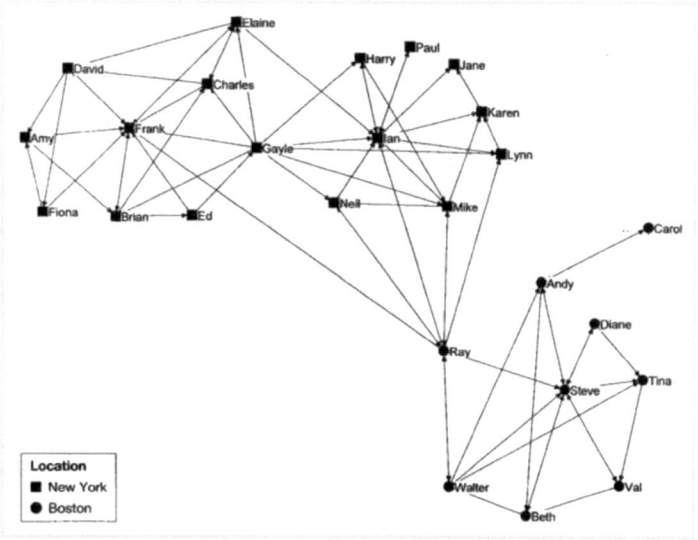

Abbildung 8: Central Connectors
Quelle: Cross/Parker (2004): S. 72

In obiger Darstellung haben Frank (links), Ian (Mitte) und Steve
(rechts unten) die höchste Zahl an Bindungen. Sie nehmen eine
zentrale Stellung in diesem Netzwerk ein und werden als Vermittler
(Hubs, Connectors) bezeichnet.

2.2.2.3 Boundary Spanners, Bridges

Boundary Spanners verbinden zwei oder mehrere Gruppen innerhalb eines Netzwerks miteinander. Diese Verbindung besteht

---

[64] Gladwell (2002): S. 50 ff
[65] Barabási (2003): S. 56

aufgrund von schwachen Verbindungen zu Akteuren der jeweiligen Gruppe.

Für die Mitglieder der verbundenen Gruppen stellen diese Boundary Spanners wertvolle Brücken zu anderen Gruppen und deren Ressourcen dar. Durch Boundary Spanners werden Informationen über Cluster hinweg verbreitet.

Auch für den Boundary Spanner selbst ist seine *„bridging function"* äußerst wertvoll. Er überbrückt damit strukturelle Löcher[66] und kann somit gezielt Informations- und Zugangsvorteile nutzen. Darauf weisen auch Teten und Allen[67] hin, sie definieren ein strukturelles Loch *„as the weak connection between two clusters of densely connected people"* und weisen darauf hin, dass *"...both people and companies benefit by sitting in a strutural hole of a network, because they can serve as brokers"*.

In Abbildung 8 ist Ray ein Boundary Spanner. Er hat eine Bindung mit den lokalen Vermittlern Ian und Frank und liegt zwischen den beiden. Damit ist er die Brücke zwischen deren beiden Subnetzwerken.

2.2.2.4 Information Broker

Information Broker nehmen eine Rolle als Mittler zwischen zwei oder mehreren Akteuren ein. Die Literatur kennt zwei Formen von Information Brokern:

1. Eine Person, die auf dem kürzesten Pfad zwischen zwei Akteuren liegt und somit den Informationsfluss zwischen diesen beiden beeinflusst.

2. Eine Person, die Beziehungen zu vielen anderen Netzwerkmitgliedern hat, ohne dass diese direkt untereinander verbunden

---

[66] Siehe dazu auch Kapitel 2.1.4.2
[67] Vgl. Teten / Allen (2005): S. 15

sind. Damit ist die Person auf dem kürzesten Pfad all dieser Netzwerkmitglieder.

Auch Information Broker werden als Bridge bezeichnet[68]. Sie sind im Unterschied zu den Boundary Spanners aber innerhalb eines Sub-Netzwerks angesiedelt, während der Boundary Spanner verschiedene Sub-Netzwerke verbindet.

In Abbildung 8 ist Gayle ein Information Broker. Ian und Frank haben keine direkte Bindung, aber beide sind mit Gayle verbunden, also sind sie indirekt verbunden und Gayle spielt die Rolle des Brokers.

2.2.2.5 Periphere Akteure

Diese sind oft nur durch eine einzige Bindung in ein Netzwerk eingebunden. Sie sind damit von demjenigen abhängig, über den sie Teil des Netzwerks wurden. Dies ist einerseits ein Nachteil, weil der Akteur jederzeit durch eine Abtrennung vom Netzwerk gefährdet ist. Andererseits ist es beim Eintritt in ein Netzwerk üblich, zunächst nur über eine einzelne Person mit der übrigen Gruppe verbunden zu sein.

In Abbildung 8 können Paul (Mitte) und Carol (rechts) als periphere Akteure identifiziert werden. Beide haben nur eine Verbindung in das Netzwerk.

2.2.3 Small Worlds

"Our ability to reach people has less and less to do with the physical distance between us."

Albert-László Barabási

---

[68] Vgl. Granovetter (1973): S. 1364

Der Begriff „Small World Problem" bzw. „Small World Phänomen" geht auf Milgram zurück, der dieses Phänomen nach der typischen Aussage „die Welt ist klein" von zwei Personen, die sich nicht kennen und im Gespräch feststellen, dass sie einen gemeinsamen Bekannten haben, benannt hat.[69]

2.2.3.1 Historie der These

Die erste Publikation zu dieser These wurde 1929 von Karinthy geschrieben, einem ungarischen Kurzgeschichten-Autor, der in seinem Werk „Minden masképpen van" (*Everything Is Different*) die Kurzgeschichte „Láncszemek" (*chains*) veröffentlichte. Diese Geschichte handelt von einer Person, die behauptet und es auch schafft, eine Nachricht an eine beliebige Person auf der Welt über maximal 5 Stationen (bzw. Personen, die miteinander verbunden sind) zu übermitteln. Dieses These, die später in Form der „Six Degrees of Separation" bekannt und berühmt wurde, geht also auf eine fiktive Geschichte zurück.[70]

Die These scheint auf den ersten Blick einfach: Die Annahme, dass jeder Mensch 100 Personen kennt, und jeder von ihnen kennt wiederum 100 Personen, dann ist man über 2 Grade (oder 2 „Ecken") theoretisch schon mit 10.000 Personen verbunden. Über 3 Grade sind es sogar schon 1 Million. Die gesamte Weltbevölkerung könnte somit über maximal 5 Grade erreicht werden.

Diese Rechnung stellten Kochen und de Solla Pool um 1958 an, scheiterten aber am Problem, dass viele Personen, mit denen man direkt verknüpft ist, sich untereinander kennen[71]. Aufgrund dieser gemeinsamen Bekannten sind über 2 Grade weit weniger als die theoretischen 10.000 Personen erreichbar. Die 1958 geschriebene Arbeit wurde daher nicht veröffentlicht.

---

[69] Vgl. Granovetter (2003): S. 773
[70] Vgl. Barabási (2003): S. 25 ff
[71] Dabei handelt es sich um den typische Gruppen / Cluster – Effekt von Kapitel 2.2.2.1

Milgram knüpfte an die Resultate von Kochen und de Solla Pool an. Interessant ist die Ähnlichkeit seines ersten Konzepts zu Karinthy's Geschichte: *„Amazingly, Milgram's first paper on the subject occasionally reads like an English translation of Karinthy's Lancszemek rewritten for an audience of sociologits."*[72] Barabasi merkt als mögliche Erklärung an, dass Milgram der Sohn eines Ungarn ist[73].

Milgrams Ziel war es, die soziale Distanz zwischen zwei beliebigen Personen in den USA zu messen.

2.2.3.2 Milgrams Experiment

Milgram führte folgendes Experiment durch: Er verschickte Briefe an zufällig gewählte Personen in Nebraska und ersuchte diese, den Brief an eine Zielperson in Boston zu übermitteln. Die Auflage: Der Brief soll an Personen weitergeleitet werden, die man auf einer *„first-name"*-Basis kennt und von denen man vermutet, dass sie der Zielperson näher stehen könnte.[74,75]

Der schnellste Brief wurde nach wenigen Tagen über 2 Zwischenschritte abgeliefert. Insgesamt kamen aber nur 42 von 160 ausgesandten Briefen ans Ziel. Manche benötigten über 10 Weiterleitungsschritte. Als Median errechnete Milgram den Wert 5,5 – was aufgerundet die von Milgram[76] damit eingeführten „Six Degrees of Separation" ergibt.

Kritik an Milgrams Experiment

Kleinfeld[77] wies allerdings auf eine Reihe von Fehlern im Milgram-Experiment hin. Das Studium von Milgrams wissenschaftlichen Arbeiten brachte hervor, dass Milgram sein Experiment mit insgesamt etwa 300 Personen startete. 100 davon waren direkt in Bosten wohnhaft, also in der gleichen Stadt wie die Zielperson. Von

---

[72] Barabási (2003): S. 27
[73] Auch Karinthy ist Ungar
[74] Vgl. Newman (1999): S. 1
[75] Vgl. Gladwell (2002): S. 47
[76] Vgl. Barabasi (2003): S. 29
[77] Vgl. Kleinfeld (2002): S. 61-66

den verbleibenden zirka 200 war nur die Hälfte zufällig gewählt, die restlichen 100 waren Börseninvestoren – gleich wie die Zielperson. Die berühmten „Six Degrees" sei der Durchschnitt über all diese 3 Startgruppen. Von den 96 zufällig ausgewählten, in Nebraska wohnenden Startpersonen erreichten lediglich 18 das Ziel. Spätere Experimente von Milgram brachten keine Ergebnisse, da die Rate der angekommenen Briefe noch geringer war.[78]

Dennoch gelangten die „Six Degrees of Separation" zu Weltbekanntheit. 1991 veröffentlichte John Guares ein gleichnamiges Theaterstück[79], welches 1993 mit Will Smith in der Hauptrolle verfilmt wurde.

2.2.3.3 Erdos Nummer und Bacon Nummer

Das Small World Phänomen wurde nicht nur an Freundschafts-Netzwerken wie bei Milgrams Experiment verdeutlicht, sondern anhand der sogenannten „Erdos Number" an Mathematiker-Netzwerken bzw. anhand der „Bacon Number" an Schauspieler-Netzwerken.

Das 1994 entstandene Gesellschaftsspiel „Six Degrees von Kevin Bacon", auch als „Oracle of Kevin Bacon"[80] bekannt, entstammt einer Idee von Brett Tjaden. Ziel ist es, einen beliebigen Schauspieler durch die Filme, in denen er mitwirkt, über weniger als sechs Schritte mit dem Schauspieler Kevin Bacon zu verbinden. Beispiel: *„O.J. Simpson spielte in Naked Gun mit Priscilla Presley, die in Ford Fairlane zusammen mit Gilbert Gottfried auftrat, der in Beverly Hills Cop II mit Paul Reisner vor der Kamera stand, und der war zusammen mit Kevin Bacon in Diner. Das sind vier Schritte."[81]*

---

[78] Vgl. Watts (2003): S. 133
[79] Vgl. Barabasi (2003): S. 29
[80] Siehe dazu: http://www.cs.virginia.edu/oracle/ (The Oracle of Bacon Website)
[81] Gladwell (2002): S. 60

Damit konnte Tjaden für jeden Schauspieler in Hollywood eine „Bacon Number" errechnen.[82,83] Bacon Nummer 0 hat Kevin Bacon selbst, Bacon Nummer 1 jeder, der mit ihm gemeinsam in einem Film mitwirkte. Sowohl Romy Schneider als auch Arnold Schwarzenegger haben die Bacon Nummer 2.

Tjaden berechnete darüber hinaus die durchschnittlichen Schritte, die jeder beliebige Schauspieler von jedem anderen entfernt war. Dabei kam Bacon nur auf Rang 669. Martin Sheen beispielsweise ist in wesentlich weniger Schritten zu jedem anderen Schauspieler verbunden[84]. Der bestverbundene Schauspieler aller Zeiten ist demgemäß Rod Steiger. Der Grund dafür ist dessen Diversität[85] (*diversity*). Aufgrund seiner verschiedenartigsten Filme, in denen er mit unterschiedlichsten Schauspielern zusammen spielte, ist er weit besser verbunden als solche, die immer im gleichen Genre und mit oft denselben Schauspielern zusammen wirkten. Rod Steiger hat zwar weniger Filme gedreht als beispielsweise John Wayne, durch die Diversität seines Netzwerks ist er jedoch ein Vermittler (*connector*) und nimmt damit eine wertvolle Position im Schauspieler-Netzwerk ein.

Noch weiter ging Watts, der die durchschnittliche Pfadlänge und den Clustering Coefficient[86] für das gesamte Schauspieler-Netzwerk berechnete. Er kam zu folgendem Schluß: „*In a world consinsting of hundrets of thousands of individuals, every actor could be connected to every other actor in an average of less than four steps.*"[87] Auch hier macht sich das "Small World Phänomen" bemerkbar.

Ähnlich funktioniert das Konzept der „Erdos Number"[88]. Der Mathematiker Erdos (1913-1996) publizierte über 1.500 wissen-

---

[82] Vgl. Newman (1999): S. 1
[83] Vgl. Barabasi (2003) : S. 58
[84] Siehe dazu Maßzahl „Diversity" (Kapital 2.3.1.2)
[85] Siehe dazu Kapitel 2.3.1.2
[86] Siehe dazu Maßzahl „Netzwerkdichte" (Kapitel 2.2.1.2)
[87] Watts (2003): S. 95
[88] Siehe dazu: http://www.oakland.edu/enp/ (Erdos Number Project)

schaftliche Arbeiten mit 507 Co-Autoren. Erdos selbst hat die Nummer 0, seine Co-Autoren die Nummer 1. Jemand, der mit einem Co-Autor von Erdos gemeinsam eine Arbeit publiziert hat, hat Erdos Numer 2 usw.[89],[90]

2.2.3.4 Aktuelle Studie

Die erste groß angelegte Wiederholung von Milgrams Experiment wurde von Dodds / Muhammad / Watts mit 61.168 E-Mail Benutzern aus 166 Ländern durchgeführt. Granovetter sieht in den Ergebnissen eine Bestätigung von Milgrams Ergebnissen.[91]

Dodds et al[92] führten ein globales, internet-basiertes „Social Search" – Experiment durch. Freiwillige Teilnehmer konnten und können sich auf einer Website[93] anmelden und werden dann zufällig einer von 18 Zielpersonen in 13 verschiedenen Ländern zugeteilt. Auch hier gilt es, ähnlich wie im Milgram-Experiment, eine Nachricht der Zielperson näher zu bringen. Im Unterschied zu Milgram wird hier E-Mail als Kommunikationsmittel eingesetzt.

Auch dieses Experiment hatte mit extrem niedriger *„chain completion rate"* zu kämpfen (384 von 24.163 Mail-Ketten erreichten ihr Ziel). Die durchschnittliche Länge der kompletten Mailketten ist 4,05. Diese Zahl ist jedoch nicht repräsentativ, da eben nur die vollständigen Mailketten (die also ihr Ziel erreichten) gezählt wurden und kürzere Ketten eine höhere Wahrscheinlichkeit der Komplettierung haben. Je länger Mailketten wurden, desto höher die Wahrscheinlichkeit eines Abbruchs, der vor allen durch *„individual apathy or disinclination to participate"*[94] verursacht wurde.

---

[89] Vgl. Barabási (2003): S. 47
[90] Vgl. Watts (2003): S. 137
[91] Vgl. Granovetter (2003): S. 773
[92] Vgl. Dodds / Muhamad / Watts (2003): S. 827
[93] http://smallworld.columbia.edu/
[94] Dodds / Muhamad / Watts (2003): S. 828

Damit kann der Schluss gezogen werden, dass das Small World Phänomen schwer empirisch nachweisbar ist, da 1. Teilnehmer an empirischen Experimenten entsprechende Anreize zur Partizipation brauchen[95] und 2. die soziale Suche durch Weiterleitung an Personen, die der Zielperson näher sein könnte, auch dann scheitern kann, wenn die Existenz solcher (kurzen) Pfade vorhanden ist: *„there is a big difference between two people being connected by a short path (which is all the small-world network model claim) and their being able to find it."*[96]

2.2.3.5 Relevanz des Small World Effekts für die Ökonomie

Soziale Netzwerke sind immens bedeutend für die Kommunikation. Nun besagt das Small World Phänomen, dass man in wenigen Schritten eine große Zahl an Personen erreichen kann. Damit wird es möglich, etwa Neuigkeiten, Gerüchte oder Modetrends über soziale Netzwerke in wenigen Schritten über große geografische Distanzen zu verbreiten, da die soziale Distanz (degree of separation) so gering ist.[97]

Auch Gladwell[98] oder Rosen[99] begründen ihre Theorien über die Verbreitung von Marketing-Botschaften auf das Small World Phänomen.

Für den einzelnen Akteur bedeutet es, dass man bereits über die Freunde der Freunde (also Bekannte 2. Grades) eine beträchtliche Zahl an Personen mobilisieren könnte.

Doch Granovetter hält fest: *"...people's information about how many contacts one's friends have is generally poor."*[100] Die Kenntnis über die Kontakte von eigenen Freunden ist somit eine wesentliche Bedingung, um das Small World Phänomen zum Generieren von Sozi-

---

[95] Vgl. Dodds / Muhamad / Watts (2003): S. 828
[96] Watts (2003): S. 136
[97] Vgl. Newmann (1999): S. 1
[98] Vgl. Gladwell (2002): S. 48
[99] Rosen (2000): The Anatomy of Buzz: S. 58
[100] Granovetter (2003): S. 774

alkapital zu nützen. Die Social Networking Sites[101] wie OpenBC bauen genau auf diesem Punkt auf.

2.3 Betrachtung aus personaler Sicht

"People's information about how many contacts one's friends have is generally poor."

Mark Granovetter

Bei der Betrachtung von Netzwerken aus der Perspektive einer einzelnen Person spricht man von so genannten *„ego-centric networks"*.

Einführend werden wichtige Netzwerkbegriffe vorgestellt (Kapitel 2.3.1). Danach wird auf die Stärke von Bindungen, ihre verschiedenen Ausprägungen und deren Bedeutung eingegangen (Kapitel 2.3.2). In Kapitel 2.3.3 folgen Maßzahlen zur Berechnung und Beurteilung von sozialen Netzwerken aus personaler Sicht.

2.3.1 Maßzahlen

Die folgenden Maßzahlen beziehen sich nicht nur auf Messungen in *ego-centric networks*, sondern auch auf Messungen im *whole network approach*, die aber aus personaler Perspektive durchgeführt werden.

2.3.1.1 Degree of connection

Die Anzahl der Bindungen oder Beziehungen eines Akteurs zu allen anderen Akteuren innerhalb des Netzwerks wird als „Degree" oder „Degree of connection" bezeichnet. Diese Maßzahl kann, wenn entsprechende Netzwerkdaten vorliegen, in out-degree (ausgehende Beziehungen) und in-degree (eingehende Beziehungen) unterteilt werden. In-degree zeigt dabei, wie einflussreich ein Akteur ist.[102,103]

---

[101] Siehe dazu Kapitel 3.2
[102] Vgl. Hanneman (2001): S. 43
[103] Weyer (2000): S. 45

2.3.1.2 Degree centrality

Um Vergleichbarkeit zwischen unterschiedlich großen Netzwerken zu errechen, wird die Anzahl der Beziehungen einer Person auf die Zahl der möglichen Beziehungen bezogen. Diese Maßzahl wird Degree-Zentralität (degree centrality) genannt.[104]

Im Unterschied zur Netzwerkdichte (density), wo die Relation alle Bindungen im Netzwerk betrifft, bezieht sich die Degree-Zentralität nur auf die tatsächlichen und möglichen Beziehungen einer einzigen Person.

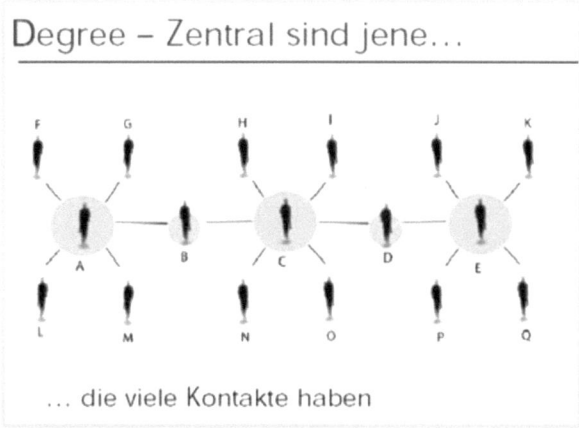

Abbildung 9: Degree centrality
Quelle: Katzmair (2005a): S. 19

Abbildung 9 zeigt ein Subnetzwerk. Dabei ist der Akteur C am zentralsten. Er hat Beziehungen zu 6 anderen Personen (B, H, I, N, O). A und E haben immerhin 5 Beziehungen. B und D jeweils 2. Der Rest ist nur über eine Beziehung mit dem Netzwerk verbunden.

---

[104] Vgl. Weyer (2000): S. 45

2.3.1.3 Betweeness centrality

Als "betweeness centrality" wird gemäß Hanneman[105] der Tatbestand bezeichnet, wenn ein Akteur auf dem (idealerweise kürzesten) Pfad zwischen zwei anderen Personen liegt, die miteinander in Kontakt treten wollen. Aus dieser Abhängigkeit der beiden anderen Personen vom dazwischen liegenden Akteur erlangt dieser eine Machtposition. Er hat die Kontrolle über den Informationsfluss zwischen beiden Personen[106].

Als Messwert gilt das Maß der Betweeness zwischen allen möglichen Paaren eines Netzwerks.[107]

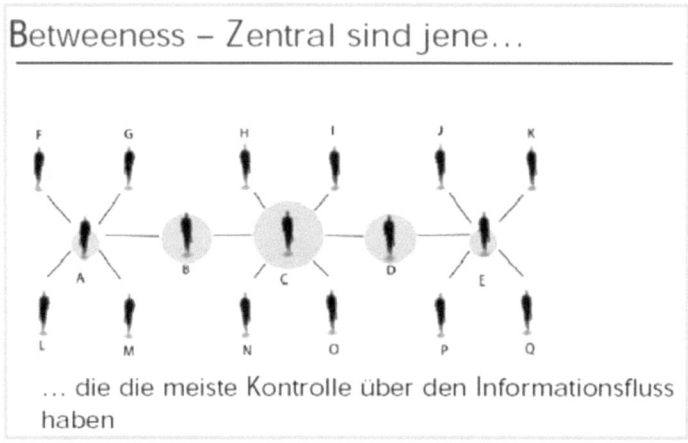

Abbildung 10: Betweeness centrality
Quelle: Katzmair (2005a): S. 21

In Abbildung 10 sind A, B, C, D und E zentral im Sinne der Betweeness centrality. C beispielsweise auf dem kürzesten Pfad zwischen A und E oder auch F und Q. A liegt am kürzesten Pfad zwischen F und M, B liegt am kürzesten Pfad zwischen L und H.

---

[105] Vgl. Hanneman (2001): S. 62
[106] Vgl. Katzmair (2005c): S. 22
[107] Vgl. Cross / Parker (2004): S. 157

2.3.1.4 Closeness centrality

Da die Degree-Zentralität nur die direkten Kontakte einer Person und nicht die indirekten (also die Kontakte der Kontakte) berücksichtigt, ist es denkbar, dass ein Akteur mit einer hohen Zahl an Kontakten zwar gewissermaßen zentral ist, aufgrund der fehlenden Verknüpfungen seiner Kontakte zu Dritten aber nur lokale Bedeutung hat.

Closeness-Zentralität dagegen berücksichtigt diesen Aspekt. Es misst die durchschnittliche Distanz des Akteurs zu jeder anderen Person im Netzwerk.[108]

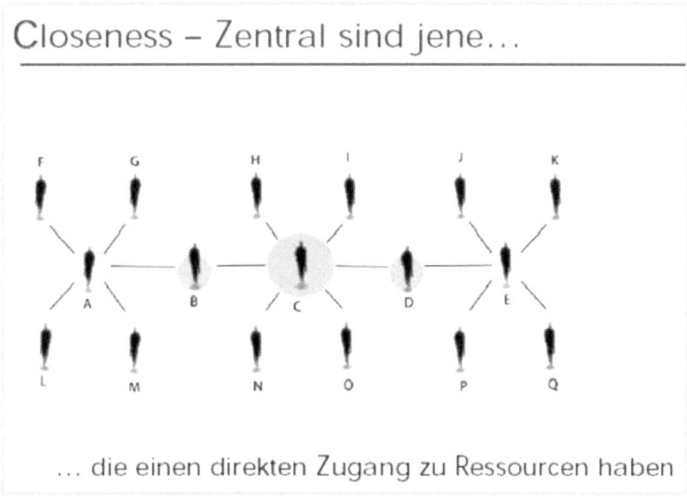

Abbildung 11: Closeness centrality
Quelle: Katzmair (2005a): S. 20

In Abbildung 11 hat C die durchschnittlich kürzeste Distanz zu allen anderen Akteuren des Netzwerks. Nach ihm folgen B und D im Ranking.

---

[108] Vgl. Hanneman (2001): S. 65

2.3.1.5 Prestige

Der Indegree eines Akteurs ist nach Weyer die einfachste Maßzahl für das Prestige eines Akteurs. Hoher Indegree indiziert seine
hohe Wertschätzung im Netzwerk. Hoher Degree bzw. Outdegree
eines Akteurs indiziert hingegen seine starke Einbindung in ein
Netzwerk.[109] Katzmair führt für Prestige den Begriff „Authority
weight" an. Dabei ist derjenige zentral, der einflussreiche Kontakte
hat - gemessen an der Zahl der Kontakte zu Personen, die ihrerseits
viele Kontakte (also ein hohes „Degree" haben)[110].

Beispiel: Wer andere Forscher zitiert, zeigt damit seine Kenntnis
im Forschungsgebiet bzw. dass er Zugang zu den relevanten Publikationen hat. Einfluss und entsprechenden Status erlangt er im Wis-
senschaftlernetzwerk allerdings erst, wenn er selbst häufig zitiert
wird.

Komplexere Maßzahlen für das Prestige eines Akteurs berücksichtigen auch die indirekten Beziehungen im Netzwerk, also Beziehungen 2. oder 3. Grades.

2.3.2 Netzwerkbegriffe

2.3.2.1 Ego-Netzwerk

Ego-Netzwerke oder *„ego-centric networks"* sind Netzwerk-Be-
trachtungen aus der Perspektive einer einzelnen Person. *„Unter einem ego-zentrierten Netzwerk versteht man das um eine fokale Person, das
Ego, herum verankerte soziale Netzwerk."* [111] Dabei ist diese Person Ego
im Mittelpunkt des Netzwerks. Es werden die Akteure (Alteri) gesucht, die mit der zentralen Person verbunden sind.[112]

---

[109] Vgl. Weyer (2000): S. 45
[110] Katzmair (2005b): S. 22 f
[111] Jansen (2003): S. 80
[112] Vgl. Hanneman (2001): S. 8 f

Ego-centric networks im engeren Sinn beachten ausschließlich die Verbindungen von Ego zu dessen Alteri.

Bei Betrachtung von *ego-centric networks* im weiteren Sinn werden die Verbindungen der Alter untereinander miteinbezogen.

2.3.2.2 Diversity

Die sozialen Netzwerke eines Akteurs sollen einen gewissen Grad an Unterschiedlichkeit aufweisen. So kann aus einem Netzwerk, das nur aus Branchenkollegen besteht, weniger Nutzen in Form von Sozialkapital gezogen werden, als dies bei einem Netzwerk der Fall wäre, das aus nur jeweils einem Vertreter verschiedenster Branchen besteht[113]. Der Grad der Unterschiedlichkeit des Netzwerks wird als Diversität (*diversity*) bezeichnet.

Bereits die Erläuterung der „Bacon Number" in Kapitel 2.2.3.3 hat gezeigt, dass der am besten vernetzte Schauspieler nicht der ist, der bei den meisten Spielfilmen mitgewirkt hat, sondern derjenige, der in den unterschiedlichsten Genres spielte und damit vielfältige Schauspielerkontakte knüpfte.

Auch Katzmair hebt hervor: *„Diversität ist von zentraler Bedeutung*[114]". Hohe Diversität der Kontakte erhöht die eigene Reichweite und den Zugang zu unterschiedlichen Ressourcen und Informationen.

2.3.3 Stärke von Bindungen

Im Folgenden wird nun die Stärke von Bindungen definiert und die aufgrund ihrer verschiedenartigen Stärke möglichen Bindungsarten vorgestellt.

Granovetter definiert die Stärke von Bindungen folgendermaßen: *„the strength of a tie is a (probably linear) combination of the amount*

---

[113] Kissling (2005): S. 82
[114] Katzmair (2005a): S. 81

of time, the emotional intensity, the intimacy (mutual confiding), and the reciprocal services which characterize the tie."[115] Demgemäß können Bindungen <u>stark</u> (strong), <u>schwach</u> (weak) oder <u>fehlend</u> (absent) sein.

Auch Levin / Cross / Abrams sehen das ähnlich, indem sie für die Stärke von Bindungen 3 Elemente verantwortlich machen:[116]

- Geschlossenheit der Beziehung („closeness of a relationship")
- Häufigkeit der Kommunikation („frequency of communication")
- Häufigkeit der Interaktion („frequency of interaction")

Teten und Allen[117] unterscheiden zwischen Aspekt und Kontext von Bindungen:

- **Aspekte** sind:
  - Bestehensdauer der Bindung
  - Häufigkeit des Kontakts
  - Emotionale Bindung
  - Gegenseitigkeit (Reziprozität)
  - Anzahl der Beziehungen (Multiplexität)
  - Gemeinsame Aktivitäten
- **Kontexte** sind:
  - Verwandtschaft
  - Gemeinsame Sprache
  - Werte und Hintergrund
  - Physische Distanz
  - Anzahl gemeinsamer Bekannte

---

[115] Granovetter (1973): S. 1361
[116] Vgl. Levin / Cross / Abrams (2002): S. 4
[117] Vgl. Teten / Allen (2005): S. 171

Boase et al[118] schlagen folgende Unterteilung der Bindungen vor:

- tiefe Bindungen ("Core Ties")
  Engste Kontakte, definiert durch 3 Dimensionen der Bindungsstärke: Emotionale Vertrautheit, Kontakt und die Verfügbarkeit von sozialem Kapital.
- bedeutende Bindungen ("Significant Ties")
  Nicht ganz so enge Beziehungen mit weniger Kontakthäufigkeit. Sie sind aber "mehr" als Bekannte.
- Bekannte ("Acquaintances").
  Alle weniger starken Beziehungen.

Die Unterteilung von Boase et all unterteilt damit die starke Bindung in "core" und "significant" Tie, die schwache Bindung ist mit den Acquaintances gleichzusetzen. In der weiteren Betrachtung der Bindungsstärken wird allerdings die Unterteilung von Granovetter – ergänzt um die sogenannten "latenten Beziehungen"[119] – herangezogen, da dies in den Publikationen der Forschungsliteratur eine übliche Unterteilung ist.

2.3.3.1 Starke Bindungen

Starke Bindungen beinhalten Kombinationen von Vertraulichkeit, Selbstoffenbarung, gegenseitiger Solidarität und Unterstützung, häufigem Kontakt oder auch Verwandtschaft.[120]

Beispiele dafür sind enge Freunde oder Kollegen sowie engere Verwandte.

Davies[121] setzt die starken Bindungen mit "bonding social capital" gleich. Er hält fest, dass kleinere Netzwerke mit starken Bindungen mehr Vertrauen und gegenseitige Unterstützung bringen.

---

[118] Boase et all (2006): S. 5
[119] Teten und Allen (2005): S. 8
[120] Vgl. Garton / Haythornthwaite / Wellman (1999): S. 79
[121] Vgl. Davies (2003): S. 17

Dies wird auch von Granovetter bestätigt: *„Strong ties have greater motivation to be of assistance and are more likely to be available"*[122].

Starke Bindungen können darüber hinaus durch das vorhandene Vertrauen Transaktionskosten senken und sind wichtig, wenn man in unsicheren Positionen ist (beispielsweise im Arbeitsleben als Mentoring bekannt)[123].

2.3.3.2 Schwache Bindungen

Schwache Bindungen sind unregelmäßig gepflegte und als „nicht vertraulich" bezeichnete Kontakte[124]. Hinzu kommt, dass man mit diesen nur wenige oder gar keine gemeinsamen Freunde hat.[125]

Beispiel dafür sind Arbeitkollegen, mit denen man keine gemeinsamen Tätigkeiten ausführt und zu denen auch kein Freundschaftsverhältnis besteht.

Je größer Netzwerke sind oder werden, desto höher die Anzahl der schwachen Bindungen, die Davies auch als *„bridging social capital*[126]*"* bezeichnet. Teten und Allen[127] weisen darauf hin, dass schwache Bindungen oft für spezielle Zwecke geknüpft werden und wieder enden, sobald die Bindung ihren Zweck erfüllt hat.

Ein höheres Maß an neuartigen Informationen fließt über schwache Bindungen. Enge Bekannte bewegen sich im gleichen sozialen Netzwerk wie der Akteur. Informationen, die enge Bekannte erhalten, überlappen sich mit dem Wissen, das im engen Netzwerk bereits vorhanden ist. Nicht so enge Bekannte hingegen (schwache Bindungen) kennen Personen, die der Akteur selbst nicht kennt. Sie sind dem Akteur nicht so ähnlich und bewegen sich daher in ande-

---

[122] Granovetter, Mark (1982): The Strengh of Weak Ties. A Network Theory Revisited, S. 113, zitiert nach Teten und Allen (2005): S. 172
[123] Vgl. Teten und Alen (2005): S. 172
[124] Vgl. Garton / Haythornthwaite / Wellman (1999): S. 79
[125] Vgl. Davies (2003): S. 16
[126] ebenda: S. 17
[127] Vgl. Teten und Allen (2005): S. 8

ren sozialen Netzwerken und werden mit neuartigen Informationen konfrontiert. Damit wird der Akteur über die schwachen Kontakte zu einer weitreichenden Umwelt mit vielfältigem Wissen verbunden. Immer wieder die gleichen Leute nach einem Job zu fragen ist weniger aussichtsreich als zufällig jemanden zu begegnen, der einen „heißen Tipp" hat.[128] Zu diesem Schluss kam erstmals Granovetter, der diesen Aspekt „*The strenth of weak ties*"[129] nennt.

Castilla et al[130] fassen zusammen:*"Close friends know the same people you do, whereas aquaintances are better bridges to new contacts and nonredundant information"*.

Granovetters Studie

Granovetter[131] befragte Personen, die kurz zuvor einen neuen Job angetreten hatten, den sie durch einen Tipp von einer Kontaktperson gefunden hatten, wie oft sie diese Kontaktperson zu jener Zeit gesehen hatten. 16,7 % antworteten mit „oft", während 55,6 % mit „gelegentlich" und weitere 27,8 % mit „selten" antworteten. Damit sind es also die schwachen Kontakte, über die man neuartige Informationen erhält.

Levin / Cross / Abrams[132] bestätigen und verfeinern Granovetters Ergebnisse: *„…we find that people get their most useful knowledge at work from* <u>*trusted*</u> *weak ties."*

2.3.3.3 Latente Bindungen

Dazu zählen Teten und Allen all jene, mit denen man aktuell noch keine Bindung geknüpft hat, wo es aber relativ einfach wäre, sie herzustellen. Dazu gehören beispielsweise Schulkollegen, die man nicht persönlich kennt, mit denen man aber aufgrund der ge-

---

[128] Vgl. Weyer (2000): S. 21 f
[129] Vgl. Granovetter (2005): S. 34
[130] Castilla / Hwang / Granovetter / Granovetter (2000): S. 220
[131] Vgl. Granovetter (1973): S. 1371
[132] Levin / Cross / Abrams (2002): S. 5

meinsamen Vergangenheit gemeinsame Wurzeln hat. Dazu gehören auch sämtliche Kontakte der Kontakte (Kontakte 2. Grades).[133]

Ob eine latente Bindung besteht, klären 3 Faktoren:

1. Wie eng ist das gemeinsame Netzwerk? Das Vorhandensein eines oder mehrerer gemeinsamen Bekannten erhöht die Möglichkeit eines direkten Kontakts.

2. Wie exklusiv ist das gemeinsame Netzwerk? Je exklusiver die gemeinsame Vergangenheit oder der gemeinsame Hintergrund (beispielsweise ein exklusiver Club), desto enger verbunden sind die Mitglieder.

3. Gibt es einen Status-Unterschied? Das volkstümliche Sprichwort „Gleich und gleich gesellt sich gern" kommt hier zum tragen.

2.3.3.4 Fehlende Bindungen (Absent)

Unter „fehlenden Verbindungen" subsummiert Granovetter sowohl das generelle Fehlen einer Bindung zwischen zwei Personen, als auch das Vorhandensein nicht signifikanter Bindungen wie es bei flüchtigen Bekanntschaften der Fall ist. Dazu gehört zum Beispiel der Zeitungsverkäufer, bei dem man morgens die Zeitung kauft und auch grüßt, den man aber nicht wirklich kennt.[134]

Lawrence / Payne[135] nennen diese flüchtigen Kontakte „Familiar Strangers". Ihre Definition, die auf Milgram zurückgeht: *„someone who is observed, repeatedly for a certain time period and without any interaction"*.

---

[133] Vgl. Teten und Allen (2005): S. 8
[134] Vgl. Granovetter (1973): S. 1361
[135] Lawrence / Payne (2004): S. 1

Paulos / Goodman[136] gehen sogar soweit, in diesem Fall eine tatsächliche Beziehung zu interpretieren: „...*the relationship we have with these Familiar Strangers is indeed a* <u>*real*</u> *relationship in which both parties agree to mutually ignore each other, without any implications of hostility.*"

2.4 Relevanz von Vertrauen

„Es scheint, als ob unsere gesamte Existenz als soziale Wesen von einer Art treuherziger Vorleistung, die wir Vertrauen nennen, gesteuert wird."

Frohmund Grünärml

Zu Beginn dieses Abschnitts soll der Begriff Vertrauen definiert werden (Kapitel 2.4.1), danach wird die Entstehung von Vertrauen erläutert (Kapitel 2.4.2) und seine Wirkung beschrieben (Kapitel 2.4.3). Den Abschluss bildet die Betrachtung von Vertrauen und Reputation im Kontext von sozialen Netzwerken (Kapitel 2.4.4).

2.4.1 Definition und Merkmale

Plötner[137] definiert Vertrauen als „...*Erwartung gegenüber einer Person oder Personengruppe, dass diese sich hinsichtlich eines bewusst gemachten Ereignisses dem Vertrauenden gegenüber zumindest nicht opportunistisch verhalten hat bzw. verhalten wird.*"

Diller / Kusterer[138] verstehen unter Vertrauen, „...*sich auf eine Person zu verlassen bzw. Zuversicht in ein Ereignis zu entwicklen und in Erwartung eines Zugewinns bewusst ein Risiko einzugehen.*" Sie weisen damit auf zwei wesentliche Faktoren hin: 1. Vertrauen ist mit dem

---

[136] Paulos / Goodman (2002): Familiar Stranger Project. URL: http://berkeley.intel-research.net/paulos/research/familiarstranger/index.htm (abgerufen am 17.02.2006)
[137] Plötner (1995): Das Vertrauen des Kunden: S. 26
[138] Diller / Kusterer (1988): Beziehungsmanagement: S. 218

Eingehen von **Risiko** verbunden und 2. Das Vertrauen bzw. das Risiko wird eingegangen, weil man damit einen **Zugewinn** erwartet.

Vertrauen dient damit der Reduktion von Unsicherheit. Prinzipiell notwendige Kontrolle wird durch Vertrauen ersetzt, was eine riskante Vorleistung des Vertrauenden ist, dem ein Informationsmangel zugrunde liegt. Durch Vertrauen wird auf Information verzichtet und Ungewissheit kann reduziert werden. Der Vorteil ist die **Reduktion von Komplexität**[139], der Nachteil ist **entstehende Verwundbarkeit**.[140]

Speziellen Augenmerk auf den erwarteten Zugewinn legt Weyer[141]: *„Vertrauensinvestitionen versprechen für beide Partner einen differentiellen Gewinn, der mit der Strategie des Misstrauens und der Absicherung durch Kaufverträge nicht erreichbar wäre."* Zur Verwundbarkeit hält Weyer fest, dass Vertrauensbruch dann vorliegt, wenn einer der beteiligten Akteure dem Opportunismus seiner Nutzenmaximierung folgt und bei günstiger Gelegenheit aussteigt oder den Zugang zu sensitiven Daten missbräuchlich ausnutzt. Diese Verwundbarkeit kann durch Sanktionen bzw. Sanktionsandrohungen entgegengewirkt werden, sofern Sanktionschancen überhaupt bestehen.

Vertrauen kann einerseits als **personenspezifische Einstellung** aufgefasst werden (Zurückgreifen auf eigene Erfahrungen und Werte), andererseits als Verhalten, das von **situativen Rahmenbedingungen** beeinflusst wird (wahrgenommene Vertrauenswürdigkeit des zu Vertrauenden).[142]

---

[139] Vgl. Luhmann (1989): S. 1
[140] Vgl. Obermayr (2003): S. 40
[141] Weyer (2000): S. 139
[142] Vgl. Pieper (2000): S. 86

2.4.2 Entstehung und Wirkung

Die Entstehung von Vertrauen ist grundsätzlich ein sich langsam entwickelnder Prozess, der durch gegenseitiges kennen lernen und gemeinsame Erfahrungen bestimmt wird. Vertrauen und Vertrauenswürdigkeit können aber durch bestimmte Situationen schlagartig gefördert oder gestört werden. Vertrauen kann aber kaum gezielt erzeugt werden, da diese Vorgangsweise die Vertrauensbasis zerstören würde.[143]

Kulterer fasst folgende Voraussetzungen der Vertrauensgewährung zusammen:[144]

- Optimismus über den Ausgang des Tauschhandels
- Perspektive Zukunft (prospektives Vertrauen): Der Akteur wird sich vertrauenswürdig verhalten, wenn ihm weitere Transaktionen in Aussicht gestellt werden)
- Anhaltspunkt gemeinsame Vergangenheit (retrospektives Vertrauen): vertrauensvolle Handlungen werden durch eine gemeinsame Vergangenheit gefördert und beschleunigen so den Handlungsprozess
- Vertrauenswürdigkeit (wird vor allem durch Kommunikation und Reputation bestimmt)

---

[143] Vgl. Blois (1999): S. 205, zitiert nach Obermayr (2003), S. 44
[144] Kulterer (1998): S. 52 f

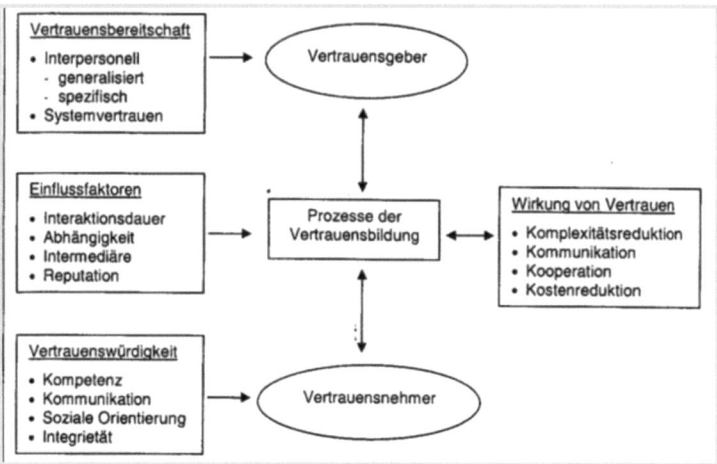

Abbildung 12: Rahmenmodell einer Vertrauensbeziehung

Quelle: Wagner (2004), S. 75, in Ahnlehnung an Hermle

Wagner[145] beschreibt in seinem Rahmenmodell einer Vertrauensbeziehung (siehe Abbildung 12) die grundlegenden Einflussfaktoren und Akteure einer Vertrauensbeziehung. Es beruht auf drei grundlegende Komponenten: Dem Vertrauensgeber, dem Vertrauensnehmer und den Prozessen der Vertrauensbildung.

Folgende Aussagen zum Entstehungsprozess von Vertrauen sind verbreitet:

Aussage	Zugrundeliegende Annahme
Berechnendes Vertrauen Vertrauender wägt Kosten und Nutzen des Vertrauens ab	Individuen sind opportunistisch und versuchen ihren Nutzen zu maximieren
Vertrauen auf Basis von Erfahrung Vertrauender verlässt sich darauf, dass das Verhalten des Vertrauensempfängers vorhergesagt werden kann	Das Verhalten eines Individuums ist konsistent und vorhersagbar
Wertbasiertes Vertrauen	

---

[145] Vgl. Wagner (2004): S. 74

48

Gemeinsame Werte üben eine Kontrollfunktion aus und stiften daher Vertrauen	Solidarität führ zu legitimierten Ordnung in einer Gemeinschaft durch eine gemeinsame Definition von Loyalität

Tabelle 1: Die Entstehungsmöglichkeiten von Vertrauen und deren Grundannahmen

Quelle: in Anlehnung an: Obermayr (2003), S. 57

Eine erfolgreiche Strategie zur Bildung von Vertrauen und Kooperation ist **Tit-for-tat**. Axelrod untersuchte anhand der Spieltheorie unterschiedliche Kooperationsformen und Spielstrategien anhand des Gefangenendilemmas. Dabei war Tit-for-tat bei zwei Turnieren Gesamtsieger über alle anderen freundlichen und unfreundlichen Strategien. Tit-for-tat sieht vor, mit Kooperation zu beginnen und dann in der Folge as zu tun, was der andere Spieler beim vorherigen Zug getan hat.[146]

Vertrautheit und Vertrauen

Eine Abgrenzung von Vertrautheit zu Vertrauen nimmt Luhmann vor: Während sich die Vertrautheit immer auf die Vergangenheit beruft, ist (prospektives) Vertrauen stets in die Zukunft gerichtet.[147] Für die Funktion der Vertrautheit nicht von Belang ist außerdem die Ausprägung der gemachten Erfahrungen: Vertrautheit ist gegenüber negativen Erfahrungen weitgehend neutral –im Gegensatz zum Vertrauen, das immer auf Bestätigung von günstigen Erwartungen ausgerichtet ist.[148]

---

[146] Vgl. Axelrod (1994): S. 28
[147] Vgl. Luhmann (1989): S. 20
[148] Vgl. Bosshardt (2001): S. 48 f

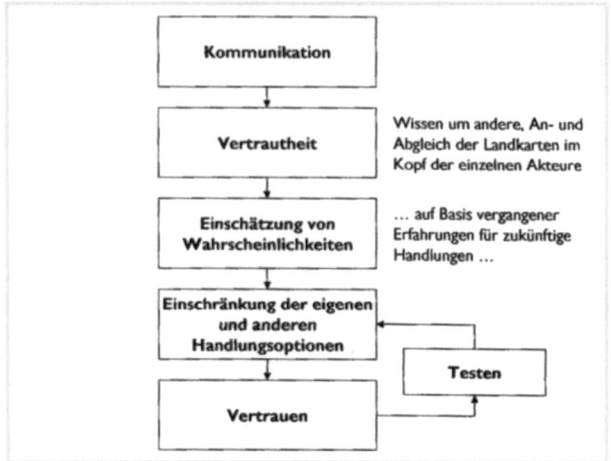

Abbildung 13: Kommunikation als Basis für Vertrauen

Quelle: Friedschröder (2005): S. 39

Abbildung 13 zeigt Kommunikation als ständigen Austausch von Informationen zwischen den einzelnen Akteuren über deren Aktivitäten, Vorhaben und Ziele, um Vertrautheit zu erzeugen.

Die **Wirkung von Vertrauen** fasst von Kulterer[149] in folgenden drei Aspekten zusammen:

- **Ressourceneinsparung**: Vertrauensvolles Handeln der Akteure bringt Zeitersparnis und damit zusammenhängend Kostenersparnis, weil es vertraglich abgesicherte Zusammenarbeit überflüssig macht.

- **Verbesserung der Kooperation**: Vertrauende Partner verhalten sich prinzipiell kooperativ und verzichten auf kurzfristig höhere Gewinne zugunsten langfristig besserer Ergebnisse.

---

[149] Vgl. Kulterer (1998): S. 48 f

- **Komplexitätsreduktion**: Der Vertrauende setzt sich wisssentlich und willentlich über einen Mangel an Information hinweg und reduziert Komplexität durch Vertrauen. Damit entstehen mehr Möglichkeiten des Erlebens und Handelns.

2.4.3 Vertrauen und Reputation im Kontext von sozialen Netzwerken

Friedschröder weist auf die Bedeutung von Vertrauen im Kontext sozialer Netzwerke hin: *„Die soziologische Basis von Netzwerken als Systemen ist immer das Vertrauen. Es stellt die Grundlage aller gut funktionierenden Netzwerke dar."* [150]

Auch Katzmair stellt zu Vertrauen fest: *„Es ist das höchste Gut im (Business-)Leben; man muss lange dafür arbeiten, und es ist nur allzu schnell verspielt.[151]"*

Bosshardt[152] unterscheidet zwischen individuellem und institutionellem Vertrauen. Eine soziale Institution ist dabei mit einem sozialen Netzwerk gleichzusetzen, wenngleich es sich dabei weniger um definierte, abgegrenzte Gebilde handelt, sondern um „soziologische Tatbestände", die nicht von einem einzelnen Individuum, sondern aufgrund der Synthese der Tätigkeiten mehrerer Individuen erfolgt.[153]

Zum institutionellen Vertrauen hält Bosshardt fest, dass die soziale Ordnung bzw. deren Solidität und Persistenz ein wichtiges Bezugsobjekt des Vertrauens darstellt: *„Das Vertrauen in den Fortbestand der sozialen Ordnung ist eine Grundvoraussetzung jeglichen sozialen Handelns"*. Soziale bzw. gesellschaftliche Institutionen wie Netzwerke erfüllen dabei eine *„zum Vertrauen äquivalente Funktion der*

---

[150] Vgl. Friedschröder (2005): S. 36
[151] Katzmair (2006): Networking und Vertrauen. URL: http://derstandard.at/?url=/?id=2365904 (abgerufen am 18.03.2006).
[152] Vgl. Bosshardt (2001): S. 40
[153] Vgl. Durkheim (1976): S. 97

Komplexitätsreduktion durch die Verfestigung von Verhaltenserwartungen".[154]

„Die Bedeutung von Vertrauen in Geschäftsbeziehungen wird sehr stark von ihrer Wirkung und ihrem Output bestimmt."[155] Obermayer definiert eine Geschäftsbeziehung als Austauschprozess zur Erreichung ökonomischer Ziele und sieht die Bedeutung von Vertrauen demnach in dessen Wirkung zur Erreichung der ökonomischen Ziele.

Soziale Einbettung und Reputation

Reputation spiegelt die öffentlich verfügbaren Informationen über die Vertrauenswürdigkeit eines Akteurs wider[156] und basiert auf den Beobachtungen Dritter[157]. Reputation ist im Gegensatz zu Vertrauen keine Erwartung, sondern ein Urteil, das über die Vertrauenswürdigkeit von anderen auf Basis der in der Vergangenheit erlebten Verhaltensweisen gefällt wird. Reputation entsteht immer innerhalb eines sozialen Umfelds und hilft, die Komplexität des sozialen Lebens zu beherrschen, *„in dem nicht vertrauenswürdige Personen von einer Gemeinschaft aussortiert werden."*[158]

Die engmaschige soziale Einbettung von Akteuren in eine mehr oder weniger gut überschaubare Gemeinschaft macht es notwendig, die Auswirkungen des eigenen Verhaltens auf die Gemeinschaft zu berücksichtigen. Von der Beobachtung des eigenen Verhaltens in der Interaktion mit Akteuren der Gruppe leitet sich die eigene Reputation ab. Bosshardt fasst zusammen: *„Die Reputation stellt damit einen Teil des retrospektiven Vertrauens und allgemein der Vertrautheit dar, der sich nicht durch unmittelbare Erfahrung mit einem Akteur konstituiert, sondern sich vielmehr indirekt etabliert."*[159] Rosam[160] weist daher auf die Wichtigkeit hin, eigene Reputation aufzubauen.

---

[154] Bosshardt (2001), S. 117
[155] Obermayr (2003): S. 92
[156] Vgl. Gilbert (33): S. 242
[157] Vgl. Fabjan (2003): S. 88
[158] Wagner (2004): S. 90
[159] Bosshardt (2001): S 191
[160] Vgl. Rosam (2005): S. 38

Fehr / Nowak / Sigmund kommen mit einer Reihe von Versuchen der Spieltheorie zu dem Schluss: *„In paarweisen Begegnungen handeln wir nicht rein eigennützig, sondern ziehen immer auch die Situation des anderen ins Kalkül.*[161]" Die Begründung, warum viele Menschen zu fairem Handeln und Teilen tendieren, finden sie darin, dass das soziale Umfeld (Freunde, Kollegen und Nachbarn) von persönlichen Entscheidungen erfahren. Darauf baut sich der eigene Ruf bzw. die Reputation auf. Auch Jansen[162] hält fest, dass Akteure nicht an eng definierten Eigeninteressen orientiert handeln, sonder soziale Kontexte berücksichtigen.

2.5 Bedeutende Netzwerke in der Praxis

„The more we communicate, the wider and stronger our networks are."

Thomas Power, Chairman of Ecademy

Netzwerke in der heutigen Praxis können in soziale und freizeitorientierte Netzwerke (Kapitel 2.5.1), in ausbildungsorientierte Netzwerke (Kapitel 2.5.2) sowie in politische und wirtschaftsorientierte Netzwerke (Kapitel 2.5.3) unterteilt werden.

In Österreich sind institutionelle Netzwerke, die mit Unternehmensstrukturen nicht deckungsgleich sind, überwiegend als Vereine organisiert. Die Entstehung des modernen Vereinswesens ist eng mit der Industrialisierung verknüpft. Mit Beginn des 19. Jahrhunderts entstanden ersten Vereine. Heute wird das Vereinswesen im so genannten „Vereinsrecht" geregelt. Neben Vereinen existieren aber auch Parteien und informell organisierte Netzwerke.

---

[161] Fehr / Nowak / Sigmund (2002): Teilen und Helfen – Ursprünge sozialen Verhaltens, in: Spektrum der Wissenschaft, März 2002, S. 52
[162] Vgl. Jansen (2003): S. 20

2.5.1 Soziale und freizeitorientierte Netzwerke

Dazu gehören Netzwerke bzw. Vereine mit sozialen Zielen, mit moralischen Zielen, mit kulturellen Zielen, mit religiösen Zielen, mit ökologischen Zielen, mit gesellschaftlich nützlichen Zielen oder auch mit sportlichen Zielen.

Hervorzuheben sind dabei aufgrund seiner Größe und seines Alters der 1862 gegründete Österreichische Alpenverein mit über 300.000 Mitglieder[163]; aufgrund seiner gesellschaftlich nützlichen Funktion die 4.879 Feuerwehren mit 326.403 Mitglieder[164]; sowie soziale Organisationen wie das in Österreich 1880 gegründete Rote Kreuz mit mehr als 45.000 freiwilligen Mitarbeitern[165], die Caritas mit über 25.300 ehrenamtlichen Mitarbeitern[166] oder diverse Orden und Bruderschaften. Beliebt sind auch Musikvereine und Sportvereine.

Besonders elitäre soziale Netzwerke in Österreich sind der Rotary Club und der Lions Club. Beide Organisationen (1905 bzw. 1917 in den USA gegründet) widmen sich humanitären Diensten und Projekten. Beide haben sehr selektive Aufnahmekriterien. Der erste Rotary Club in Österreich wurde 1925 gegründet, der Mitgliederstand betrug im Jahr 1999 6.178 Mitglieder[167]. Bekannte Mitglieder sind der ehem. Ottakringer-Vorstandsvorsitzende Engelbert Wenckheim, der Gouverneur der Österreichischen Nationalbank Klaus Liebscher und Hotel Sacher-Geschäftsführerin Elisabeth Gürtler. Der Lions Club besteht in Österreich seit 1952 und hat derzeit

---

[163] Österreichischer Alpenverein (o.J.): URL:
http://www.alpenverein.at/portal/Der_Verein/Geschichte/index.php?navid=106 (abgerufen am 08.03.2006)
[164] Österreichischer Bundesfeuerwehrverband (o.J.): Statistik 2004 der österreichischen Feuerwehren. URL:
http://www.bundesfeuerwehrverband.at/oebfv/index.php?id=155 (abgerufen am 08.03.2006)
[165] Österreichisches Rotes Kreuz (2005): Struktur und Organisation. URL
http://www.roteskreuz.at/36.html (abgerufen am 08.03.2006)
[166] Caritas Österreich (o.J.): Zahlen & Fakten. URL:
http://www.caritas.at/caritasinfos/zahlen.html (abgerufen am 08.03.2006)
[167] Österreich Lexikon AEIOU (o.J.): URL:
http://www.aeiou.at/aeiou.encyclop.r/r859861.htm (abgerufen am 01.04.2006)

7.200 Mitglieder[168]. Prominente Mitglieder sind Bäcker Kurt Mann, OGH-Generalanwalt Herbert Raunig oder die ehemaligen Politiker Peter Westenthaler und Werner Fasslabend.

Freizeitorientierte Netzwerke mit starkem Einfluss und bedeutenden Mitgliedern sind in Österreich Jägerschaften (Bekannt sind Raiffeisen-Aufsichtsratspräsident Christian Konrad als Landesjägermeister von Niederösterreich, ORF-Generalintendantin Monika Lindner und der Generaldirektor der Raiffeisenlandesbank Oberösterreich, Ludwig Scharinger) sowie Golf- und Tennisclubs wie der TC Blau-Weiss Wien (Austrotel-Chef Kurt Kleindienst, Allianz-Vorstand Hubert Schultes), der GC Wien Freudenau (Altkanzler Vranitzky, Telekom Austria-Vorstand Rudolf Fischer) oder der Golfclub Fontana Oberwaltersdorf (Magna-International CEO Siegfried Wolf)[169].

2.5.2 Ausbildungsorientierte Netzwerke

Dazu gehören universitäre Studentenorganisationen wie die gesetzliche Vertretung der Studierenden, die Österreichische Hochschülerinnen- und Hochschülerschaft (ÖH). Weiters sind hier Studenten- und Mittelschülerverbindungen, zu denen auch die so genannten Burschenschaften gehören, einzuordnen. In Österreich haben diese eine gesellschaftspolitisch hohe Relevanz, da eine Vielzahl österreichischer Politiker aus Verbindungen wie den „nicht schlagenden", christlich orientieren CV (Cartellverband) und Mittelschüler-Kartell-Verband (MKV) bzw. dem Bund Sozialdemokratischer Akademiker, Intellektueller und Künstler rekrutiert werden. Diese werde aber auch aus „schlagenden Burschenschaften" mit freiheitlicher oder nationaler Orientierung wie Vandalia oder Olympia, rekrutiert. Letztere sind aufgrund ihrer deutschnationalen Ideologie extrem umstritten.[170]

---

[168] Lions (o.J.): Kurzinfos über Lions. URL: http://www.lions.at (abgerufen am 01.04.2006)
[169] Vgl. Schmid / Schnabel / Breitler (2006): S. 48
[170] Vgl. Daniel (2005): Straches schlagende Burschen, in: News 48/05, S. 30-32

Bekannte Mitglieder des CV sind Oberösterreichs Landeshauptmann Josef Pühringer und Tirols Landeshauptmann Herwig van Staa. MKV-Altherren sind Niederösterreichs Landeshauptmann Erwin Pröll, der ehemalige Bundespräsident Kurt Waldheim und Paps Benedikt XVI.

Zu den ausbildungsorientierten Netzwerken zählen auch Absolventenvereine wie der „WU-Alumni-Club" der Wirtschaftsuniversität Wien. Auch elitäre, informelle Netzwerke entspringen aus dem schulischen Bereich. Dies vor allem bei exklusiven Schulen wie dem Schottengymnasium Wien (Absolventen: Bundeskanzler Wolfgang Schüssel, Erste Bank Vorstand Andreas Treichl), dem Theresianum Wien (Vorstandsdirektor der Finanzmarktaufsicht Kurt Pribil), dem Sacré Coeur Graz oder dem Akademischen Gymnasium Wien (Nationalratspräsident Andreas Khol und der Bundesparteivorsitzende der Grünen, Alexander van der Bellen)[171].

2.5.3 Politische und wirtschaftliche Netzwerke

Dazu zählen Gewerkschaften, allen voran der Österreichische Gewerkschaftsbund als überparteiliche Interessenvertretung unselbstständiger Erwerbstätiger mit rund 1,4 Millionen Mitgliedern. Er besteht aus 13 Einzelgewerkschaften, welche *die wirtschaftlichen, politischen, sozialen und kulturellen Interessen aller ArbeitnehmerInnen gegenüber Arbeitgebern, Staat und Parteien[172]"* vertreten

Weiters zählen dazu die so genannten „Kammern". Dazu gehören in Österreich die Wirtschaftskammer (WKÖ), die Landwirtschaftskammer und die Kammer für Arbeiter und Angestellte (AK). Sie sind gesetzliche Interessensvertretungen und bilden zusammen mit dem ÖGB die so genannte „Sozialpartnerschaft".

---

[171] Vgl. Schmid / Schnabel / Breitler (2006): S. 49
[172] Österreichischer Gewerkschaftsbund (o.J.): Die Grundlagen. URL http://www.oegb.at/servlet/ContentServer?pagename=OEGBZ/Page/OEGB Z_Index&n=OEGBZ_2 (abgerufen am 08.03.2006)

Die unter ausbildungsorientierten Netzwerken eingeordneten Burschenschaften und Verbindungen sind aufgrund ihres politischen Einflusses auch als politische Netzwerke zu sehen.

Zu den politischen und wirtschaftlichen Netzwerken gehören auch Interessensverbände wie beispielsweise Frauennetzwerke oder Mietervereinigungen, Konsumentenvereine, politisch aktive Umweltorganisationen oder regionale Wirtschaftscluster wie der erfolgreiche Autocluster in der Steiermark.

3 Online-Netzwerke

Dieser Abschnitt klärt zunächst den Einfluss des Internets, bzw. der Online-Welt auf soziale Netzwerkstrukturen (Kapitel 3.1). Anschließend wird der Begriff „Social Software" geklärt und die verschiedenen Arten von Social Software vorgestellt (Kapitel 3.2). Danach folgen die detaillierte Betrachtung von Social Networking Sites (Kapitel 3.3) sowie eine Marktübersicht dieser Sites (Kapitel 3.4). Abschließend folgt noch eine Auseinandersetzung mit Vertrauen und Reputation als Basis von Online-Netzwerken (Kapitel 3.5).

3.1 Einfluss des Internets auf soziale Netzwerkstrukturen

The web isn't about — or just about — content or communication, of course. It's really about making connections — about, well, links. But to be valued, those links must be organized around trust. In short: It's about relationships.

Jeff Jarvis, Weblog „BuzzMachine"

In welchem Ausmaß und in welcher Weise beeinflusst das Internet durch dessen Funktion als Kommunikationsmedium die sozialen Netzwerke bzw. das Sozialkapital der Menschen?

Hier werden zunächst die Auswirkungen auf einzelne Beziehungen einer Person analysiert (Kapitel 3.1.1) und danach die generellen Auswirkungen auf Sozialkapital (Kapitel 3.1.2).

3.1.1 Auswirkungen auf einzelne Beziehungen einer Person

Hier wird zunächst zwischen Beziehungen zu vorhandenen Kontakten sowie Neuentstehung von Beziehungen bzw. Kontakten unterschieden.

Änderungen in den Beziehungen zu vorhandenen Kontakten

Döring stellt fest, dass es Veränderungen bestehender Beziehungen geben kann. Er unterscheidet dabei folgende zwei Varianten:[173]

1. Veränderung der interpersonalen Beziehung, in der eine Person das Internet nutzt und die andere Person das Internet nicht nutzt.
Konfliktpotenziale betreffen dabei:

- Das Zeitbudget für gemeinsame Aktivitäten. Der Nichtnutzer hat das Gefühl, die andere Person würde zu viel Zeit mit der Nutzung des Internets verschwenden.

- Die Verschiebung der Machtverhältnisse zugunsten des Internet-Benutzers. Durch die Nutzung resultieren Informationsvorteile und „Horizont-Erweiterung".

- Die Veränderung in den sozialen Netzwerken des Internetz-Benutzers. Das neue Kommunikationsmedium eröffnet neue Möglichkeiten der Bildung und Pflege von Beziehungen, die der anderen Person vorenthalten bleiben. Die Veränderung kann jedoch sowohl eine Erweiterung, aber auch eine Reduktion von sozialen Kontakten bis zur Isolierung zur Folge haben.

2. Veränderung einer Beziehung, in der beide Personen das Internet nutzen

Dies hängt von folgenden Faktoren ab:

- Häufigkeit und Dauer des Kontaktes können sich erheblich verändern. Dem Internet wird einfachere Pflege solcher Kontakte durch niedrigere Kosten zugesprochen.

- Die Qualität der Kontakte kann sich ändern. Durch nicht zuverlässiges Antworten auf E-Mails kann eine Beziehung untergraben werden, zu häufiges Kontaktieren (beispielsweise per „Instant Messaging" kann dagegen zu Missverständnissen führen.

---

[173] Döring, Nicola (2003): Sozialpsychologie des Internet, Göttingen: S. 428 ff, zitiert nach Renz (2006), S. 27

- Teilweises oder komplettes Ersetzen der persönlichen Begegnung durch Online-Kommunikation kann zu grundlegenden Veränderungen von Beziehungen führen.

Entstehung neuer Beziehungen

Da neben Individualkommunikation auch Gruppen- und Massenkommunikation online durchführbar ist (beispielsweise durch Online-Communities, Chats, Diskussionsforen), wird den Nutzern das Knüpfen neuer Kontakte möglich. Gegenüber bisherigen sozialen Netzwerkstrukturen, die vor allem durch regionale Aspekte bzw. physikalische Nähe dominiert werden, sind solche Kontakte oft auf Interessens- und emotionale Aspekte[174] gestützt und überwinden physikalische Distanzen bzw. lassen diese außer Acht.

Diese Kontakte können aufgrund ihrer Diversität zum bestehenden sozialen Netzwerk eine wertvolle Bereicherung des eigenen Sozialkapitals darstellen. Wenn es sich aber um reine „Netzbeziehungen" handelt, ist die Abrufbarkeit dieses Sozialkapitals in Frage zu stellen.

Im Allgemeinen ist festzuhalten, dass das Internet für die Herausbildung (Generierung und Pflege) schwacher Bindungen geeigneter ist.[175]

3.1.2 Auswirkung auf das gesamte Sozialkapital einer Person

Quan-Haase und Wellman ermittelten drei mögliche Annäherungen an das Thema, die von verschiedenen Autoren vertreten werden:[176]

1. Das Internet transformiert bzw. wandelt Sozialkapital: Die Verfügbarkeit dieses kostengünstigen und schnellen Kommu-

---

[174] Vgl. Renz (2006): S. 29
[175] Vgl. Renz (2006): S. 30 bzw. 32
[176] Vgl. Quan-Haase / Wellman (2002): S. 3

nikationsmediums führt zu vermehrt asynchroner[177] Kommunikation. Es führt zu einer Wandlung von lokalen und grup-
penbasierten sozialen Netzwerken hin zu überregionalen, in-
teressensbasierten Netzwerkstrukturen.

2. **Das Internet schwächt bzw. verringert Sozialkapital**: Das Internet mit seiner Informations- und Unterhaltungsvielfalt
   bringt Personen weg von Familie und Freunden. Die Einbindung in globale Strukturen und Kommunikation reduziert das
   Interesse an der lokalen Gemeinschaft.

3. **Das Internet ergänzt das Sozialkapital**: Das Internet ist ein
   weiterer Kommunikationskanal, um bestehende soziale Kontakte zu pflegen. Elektronische Kommunikation fügt sich an
   Telefon und persönlichen Treffen nahtlos an und bereichert
   bzw. vertieft die sozialen Kontakte.

Die empirischen Untersuchungen von Quen-Haase und Wellman führen zu folgendem Ergebnis: *„In the short run, it is adding on –
rather than transforming or diminishing – social capital.[178]"*. Sie stellen
fest, dass die vermehrte Internet-Nutzung in den meisten Fällen zu
keiner Abnahme von Telefonaten oder persönlichen Begegnungen
führt, sondern ergänzend hinzukommt.

Während Putnam auf die zunehmende Technologisierung der
Freizeit als Ursache für fehlende Gelegenheiten zur Sozialkapital-
Bildung verweist, und damit neben Elektronik wie TV und Com-
puterspielen auch elektronische Netzwerke meint (*„What will be the
impact, for example, of electronic networks on social capital?"*)[179], unter-
stützt die aktuelle Studie von Boase et al.[180] die Schlußfolgerungen
von Quen-Haase und Wellman: *„Rather than conflicting with people's
communitie ties, we find that the internet fits seamlessly with in-person*

---

[177] Asynchrone Kommunikation bedeutet, dass Konversationen nicht unmittelbar,
also synchron erfolgen, sondern durch die Fortführung der Konversation mittels Antwort zu einem beliebigen Zeitpunkt. Ein klassisches Beispiel dafür ist E-
Mail.
[178] Vgl. Quan-Haase / Wellman (2002): S. 10
[179] Putnam (1995): S. 75 f
[180] Vgl. Boase et al (2006): S. 1 - 35

and phone encounters". Auch Wellman bestätigt dies, bezugnehmend auf eine Studie: *"...face-to-face visits and phone calls were neither more numerous nor fewer for people who user e-mail"*[181].

Boase et al stellen fest:

- Das Internet ermöglicht der Studie zufolge das Pflegen von Kontakten zu beträchtlich großen sozialen Netzwerken. Dazu eignet sich E-Mail aufgrund der bequemen und asynchronen Natur besser als persönliche oder telefonische Kommunikation

- Sie heben auch die so genannte *„Medien-Multiplexität"* hervor: Je mehr sich Personen persönlich treffen und telefonieren, desto mehr verwenden sie auch das Internet bzw. E-Mail.

- Zudem bestätigen sie Quan-Hase und Wellman, in dem sie auf die Ergänzung von lokalen Netzwerken durch regionale soziale Netzwerkstrukturen verweisen.

- Darüber hinaus stellen sie fest, dass Internet-Nutzer größere soziale Netzwerke als Nichtnutzer haben: Gemäß einer Untersuchung in den USA haben Internetnutzer 37 starke Bindungen („core and significant ties"), Nichtnutzer dagegen 30.

3.2 Social Software

Social software not only gives us tools to understand social networks, it potentially empowers individuals, communities and organisations to manage networks better, and to build social capital.

Will Hutton, Chief Executive of The Work Foundation

Nach der Definition des Begriffs Social Software (Kapitel 3.2.1) folgt eine Kategorisierung der Arten von Social Software (Kapitel 3.2.2).

---

[181] Wellman (2001): S. 2032

3.2.1 Definition

„Im weitesten Sinn sind damit alle Anwendungen gemeint, die menschliche Kommunikation, Interaktion und Zusammenarbeit unterstützen, also auch Groupware, E-Mail oder Instant Messenger"[182]. Seit einigen Jahren steht der Begriff jedoch vor allem für spezielle Web-Anwendungen: „*Social tools all focus – in one way or another – on creating, discovering, supporting, or managing interpersonal relationships.*"[183]

Eine Begriffsbestimmung liefert auch Davies, der aber darauf hinweist, dass es kaum Konsens darüber gibt, wie Social Software definiert werden sollte: „*Social Software…refers to any software which enables groups of people to communicate and to collaborate, from something very familiar such as email, through to a more obscure application, like Hydra, a document editing programme.*[184]" Er weist darauf hin, dass Online-Kollaboration so alt wie das Internet selbst ist und ortet das Neue in der Fokussierung von Social Software auf die Unterstützung der breiten Masse (im Gegensatz zu den bisher auf Early Adopter ausgerichteten Plattformen) und ihren sozialen Tätigkeiten online und offline.

Dabei hat Social Software zumindest eine der folgenden Funktionen:[185]

- Unterstützung der Kommunikation zwischen Personen und/oder Gruppen (Diskussionsforen, Instant Messaging etc.)

- Unterstützung von sozialem Feedback (Ratings zur Bildung von Online-Reputation[186])

- Unterstützung von sozialen Netzwerken (Abbildung persönlicher Beziehungen im Internet sowie Möglichkeiten zur Entwicklung neuer Beziehungen)

---

[182] Sixtus (2005): S. 1 (bzw. eigentlich Teil eines Magazins)
[183] Teten / Allen (2005): S. 39
[184] Davies (2003): S. 11
[185] Vgl. Teten / Allen (2005): S. 39 f
[186] Siehe dazu Kapitel 3.5

3.2.2 Arten von Social Software

Folgende Arten von Social Software Anwendungen sind in der Praxis bekannt:

Software	Beispiele
Email	Outlook, Hotmail, GMX
Weblogs und Wikis	Movable Byte, Blogger, Wikipedia
Instant Messenger	ICQ, MSN, Trillian, Skype
Dokumentenbearbeitungs-Systeme	Grrove, Hydra, Lotus Nodes
Social Networking Software	LinkedIn, OpenBC, Ryze, Orkut
Diskussionsforen	SmartGroups, BBS, Usenet
Communities	Livejournal

Tabelle 2: Types of social software
Quelle: in Anlehnung an Davies (2003), S. 7

3.2.3 Geschichtliche Entwicklung von Social Software

Die folgende Abbildung zeigt einen kurzen Abriss der historischen Entwicklung von Social Software.

1971	Ray Tomlinson invents e-mail.
1973	First group chat program.
1975	First mailing list, MsgGroup, first computer conferencing system.
1978	First Multi-User Dungeon (MUD) for multiuser gaming.
1979	USENET newsgroups created.
1984	Birth of the Fido network of Bulletin Board Systems (BBSes).
1985	Whole Earth 'Lectronic Link (WELL) community begins.
1988	Internet Relay Chat (IRC) invented.
1991	Tim Berners-Lee posts "World-Wide Web: Executive Summary" to USENET group.
	"Gopher," the first simple menu-driven client to Internet resources, launches.
1992	Tim Berners-Lee creates his "What's New?" page, arguably the first blog.
1993	Howard Rheingold publishes *The Virtual Community*.
	Mosaic Web browser released.
1994	"Christ is coming" is the first spam on USENET.
1995	Ward Cunningham launches the first wiki.
	AltaVista, the first full Web search engine, launches.
1996	ICQ: first peer-to-peer instant messaging appears.
	January: 100,000 Web servers.
1997	April: 1,000,000 Web servers.
	Slashdot, the first blog to enable reader comments, goes online.
	Jorn Barger coins the term "weblog."
	SixDegrees.com, first site based on the "six degrees of separation" concept, launches.
1998	Open Directory Project (DMOZ) begins, later acquired by Netscape.
1999	Peter Merholz coins the term "blog" as a contraction of "weblog".
	LiveJournal and Blogger launch.
	kuro5hin, a blog where users vote for what goes to the front page, launches.
	Napster launches.
2000	HotOrNot.com created with zero capital.
2001	Wikipedia, an open collaborative wiki encyclopedia project, goes live.
	Movable Type (leading blog software) initial beta release.
	Ryze social network service launches.
2002	10,000,000th Web server goes live.
	10,000,000th post on Blogger.
	Friendster launches.
2003	Venture capital investment in social network space exceeds $50 million.
	Wikipedia hits 100,000 articles.
	Howard Dean campaign uses blogs and Meetup to organize more than 100,000 supporters.
	LiveJournal and Friendster pass one million accounts.
	Skype released.
2004	Skype hits 10 million downloads.
	Social Networking Metalist (SocialSoftware.BlogsInc.com) lists more than 200 different social networking systems.
2005	Skype hits 100 million downloads.

Abbildung 14: Very Brief Timeline of Social Software

Quelle: Teten / Allen (2005): S. 43

Vorteile der Nutzung von Social Software sind:[187]

- Sichtbarmachen der eigenen Persönlichkeit gegenüber einer Vielzahl von Personen (Selbstmarketing)

- Aufbauen eigener Kompetenz durch den Zugriff auf das Wissen vieler Netzwerk-Kontakte (Rasche, unkomplizierte Hilfestellungen durch das soziale Netzwerk)

- Bildung von neuen sozialen Bindungen zu relevanten Personen (Social Software wie „Social Networking Sites" kann als Marktplatz für Kontakte betrachtet werden)

- Erhöhung der Diversität des eigenen Netzwerks

- Abrufen vielfältiger Informationen über das eigene Netzwerk (über Personenprofile, Einsicht in „Kontakte der Kontakte" etc.)

- Stärkung der vorhandenen Bindungen (durch vermehrte Kommunikation, Weitergabe relevanter Informationen)

3.3 Social Networking Sites („Online Netzwerke")

"The internet is the largest and most fully connected social network
of them all"

Barry Wellman

3.3.1 Begriff

O'Murchu et al definiert Social Networking Sites folgendermaßen: "*A social networking site (SNS) connects and presents people based on information gathered about them, as stored in their user profiles.*"[188]

Diese Form von Social Software basiert im Prinzip zwei verschiedene Nutzen:

---

187 Vgl. Teten / Allen (2005): S. 18
188 O'Murchu / Breslin / Decker (2004): S. 2

1. Aufdeckung von bestehenden Vernetzungen

Das soziale Netzwerk jedes Menschen ist diesen überwiegend nur im ersten Grad bekannt, man kennt also primär die eigenen, direkten Kontakte (Kontakte 1. Grades). Die Kontakte dieser Kontakte (Kontakte 2. Grades) sind hingegen oft unbekannt, obwohl sie aufgrund ihrer geringen Entfernung äußerst wertvoll sind und über lediglich einen Mittelsmann erreicht werden können. Social Networking Sites (SNS) setzen da an und versuchen, Beziehungspfade zu visualisieren. Dabei tritt oft der so genannte Small World Effekt (siehe Kapitel 2.2.3) auf: die Beteiligten kennen sich über einen erstaunlich kurzen Pfad an Personen[189]. das Eintragen oder Einladen eigener Kontakte in die SNS macht man sein eigenes Netzwerk sichtbar bzw. legt es auch für alle anderen SNS-Nutzer offen. Durch die Vernetzung (Eintragen bzw. Bestätigen von Kontakten) zu anderen Nutzern des SNS bekommt man Einsicht oder wird Mitglied von deren Netzwerke.[190]

2. Förderung zusätzlicher Vernetzung

Durch das Offenlegen der Netzwerke jedes Nutzers entsteht ein großes gemeinsames Netzwerk, in dem die Nutzer andere Nutzer über längere Beziehungspfade hinweg direkt kontaktieren können. Damit können Personen, die beispielsweise 4 Kontakte entfernt sind, zu denen bisher also jeglicher Zusammenhang fehlte, zum direkten Kontakt gemacht werden. Personen, die auf dem kürzesten Pfad zur Zielperson liegen, können dabei als Türöffner dienen.[191]

3.3.2 Entstehungsgeschichte

Die erste Social Networking Site war die im Mai 1997 ins Leben gerufene Plattform Sixdegrees.com. Schon der Name zeigt, dass die Theorie der „Six Degrees of Separation"[192] Basis des Konzepts der

---

[189] Vgl. Renz (2006): S. 38
[190] Vgl. Eichholz (2005): S. 9
[191] Vgl. Teten / Alen (2005): S. 87
[192] Siehe dazu Kapitel 2.2.3.2

Plattform war. Sixdegrees.com musste seinen Dienst allerdings nach vier Jahren Anfang 2001 wieder einstellen.[193]

Roush hält dazu fest: „...the first generation of free social-networking websites, such as sixdegrees.com, dried up even before the dot-com boom ended. That was partly because, like most other dot-coms, the sites lacked revenue-producing business models. But it was also because the technology hadn't evolved into a usable form. Users had little idea what they could actually accomplish through their online social networks."[194]

Ab 2001 begannen mit dem Ende von Sixdegrees.com und dem Platzen der dot-com-Blase neue Versuche, Social Networking Sites zu etablieren. In San Francisco entstand im Oktober 2001 aus einem ursprünglichen Offline-Netzwerk die SNS „Ryze" (www.ryze.com), deren Geschäftsmodell auf kostenpflichtige Premium-Services aufbaute.[195]

Etwas später wurde Spoke.com gegründet, das sich an Sales-Netzwerker richtete und durch prozentuelle Beteiligung an zustandegekommenen Umsätzen verdient.

Die Freizeit-Networking-Plattform Friendster hatte im Jahr 2004 bereits 10 Millionen Benutzer, sank dann in der Gunst der Benutzer, was MySpace nutzen konnte. Mittlerweile steht die Site Friendster allerdings wieder bei 21 Millionen Benutzern, wovon 9 Millionen die Site zumindest einmal im Monat besuchen.

Im Frühjahr 2003 entstand mit LinkedIn die erste Business Networking Site (BNS) in den USA, im Oktober 2003 folgte der Start des Open Business Club (www.openbc.com) in Hamburg.

---

[193] Vgl. Eichholz (2005), S. 39
[194] Roush (2005): Social Networking 3.0. URL: http://www.technologyreview.com/InfoTech/wtr_15908,258,p2.html (abgerufen am 03.03.2006)
[195] Vgl. Fitzgerald (2004): Internetworking. URL: http://www.technologyreview.com/InfoTech/wtr_13526,294,p3.html (abgerufen am: 03.03:2006)

3.3.3 Klassifizierung von Social Networking Sites

Social Networking Sites sind aufgrund ihrer Ausrichtung bzw. ihres dahinter liegenden Konzepts zu klassifizieren. Es wird zwischen Freizeit-Plattformen und Business-Plattformen unterschieden, wie auch zwischen offenen und geschlossenen Netzwerken.

3.3.3.1 Freizeit-Plattformen und Business-Plattformen

Unterschieden wird dabei zwischen der Ausrichtung auf den Freizeitbereich einerseits, sowie auf den Businessbereich andererseits.

Begriffliche Unterscheidung

Für freizeitorientierte Plattformen wird der Begriff Social Networking Site (SNS) im engeren Sinn verwendet. Bei geschäftsorientierten Plattformen hat der Begriff Business Networking Site (BNS) Einzug gefunden[196]. Renz weist jedoch darauf hin, dass beide Begriffe nach wie vor unter Social Networking Software (SNS) subsummiert werden, was Verwirrung erzeugt.[197]

Ausrichtung

Die beiden Ausrichtungen stellen prinzipiell keine Fokussierung auf unterschiedliche Zielgruppen dar. Es wird vielmehr auf private Kontakte bei SNS und auf geschäftliche Kontakte bei BNS aufgebaut. Unterschiede machen sich dabei in der Präsentation der Nutzer in den Profilen sowie im Verhalten und in der Motivation der Nutzung bemerkbar

Freizeit-Plattformen

Freizeitorientierte Plattformen sind früher entstanden, existieren heute in einer Vielzahl (siehe Kapitel 3.3.2) und sind vor allem im amerikanischen Raum enorm populär. Die Zugriffszahlen von

---

[196] Vgl. Eichholz (2005): S. 12
[197] Vgl. Renz (2006): S. 39

MySpace.com übertreffen bereits jenen der Suchmachine Google.com[198], was auch Venture Capital Geber auf den Plan ruft.[199]

Business-Plattformen

Ecademy und Ryze waren die ersten Online-Plattformen, die sich dem Business Networking verschrieben haben, wobei beide einen hybriden Ansatz aus Offline- und Online-Networking wählten. Die später entstandenen LinkedIn und OpenBC sind hingegen als reine Online-Plattformen gegründet worden und gelten mittlerweile als die größten BNS weltweit: LinkedIn hat 5 Millionen Mitglieder[200], OpenBC 1 Million.[201]

3.3.3.2 Ausrichtung auf Individuen oder Unternehmen

Bei den BNS wird differenziert, ob sich das Angebot an Individuen oder an Unternehmen richtet.

Die großen Vertreter von Plattformen, die sich an einzelne Akteure bzw. Individuen richten, sind LinkedIn, Ryze, Ecademy und OpenBC. Diese Services können zwar auch von Unternehmen genutzt werden, es können allerdings keine firmeninternen Netzwerke aufgebaut werden[202].

---

198 ORF Futurezone (2006.): MySpace macht Jagd auf Internet-Riesen. URL: http://futurezone.orf.at/it/stories/90833/ (abgerufen am 03.03.2006)
199 Tribe.net hat beispielsweise im Februar 2006 3 Millionen Dollar VC lukriert (zu den bereits vorhandenen 7 Millionen Dollar VC) (http://www.socialnetworking-weblog.com/50226711/tribenet_lands_more_funding.php)
Friendster.com hat im Februar 2006 ebenfalls 3 Millionen Dollar VC erhalten (zu den bereits vorhandenen 15 Millionen Dollar VC) (http://www.techcrunch.com/2006/02/02/friendster-recapitalized/)
MySpace.com wurde um 1,3 Milliarden Dollar von Rupert Murdoch gekauft
200 LinkedIn (2006): LinkedIn Premium Services Finding Rapid Adoption, Pressemeldung vom 07.03.2006
201 OpenBC (2006): Jetzt über 1 Million Mitglieder, Pressemeldung vom 31.01.2006
202 Vgl. Eichholz (2005): S. 13

Plattformen und Lösungen, die sich an Unternehmen wenden, sind Spoke und ZeroDegrees sowie VisiblePath, Contact Network oder Interface Software. Die ersten beiden verfolgen einen hybriden Ansatz, in dem sie ein firmeninternes Netzwerk in ein öffentlich zugängliches Business Netzwerk integrieren, die drei anderen Applikationen sind reine Unternehmenslösungen.[203]

Die auf Individuen ausgerichteten BNS unterstützen die personale Sichtweise der sozialen Netzwerke von Akteuren, während die Unternehmenslösungen einerseits personale Sichtweisen der Mitarbeiter ermöglichen, ihre Stärke aber vor allem in der globalen Sichtweise des Firmennetzwerks haben. Hier setzt eine eigene Wissenschaft an, die sich mit der sozialen Netzwerkanalyse („Social Network Analysis"; übliche Abkürzung: SNA) beschäftigt.

Abbildung 15 zeigt die Einordnung von SNS und BNS in die Social Software Landschaft.

---

[203] Vgl. ebenda: S. 13

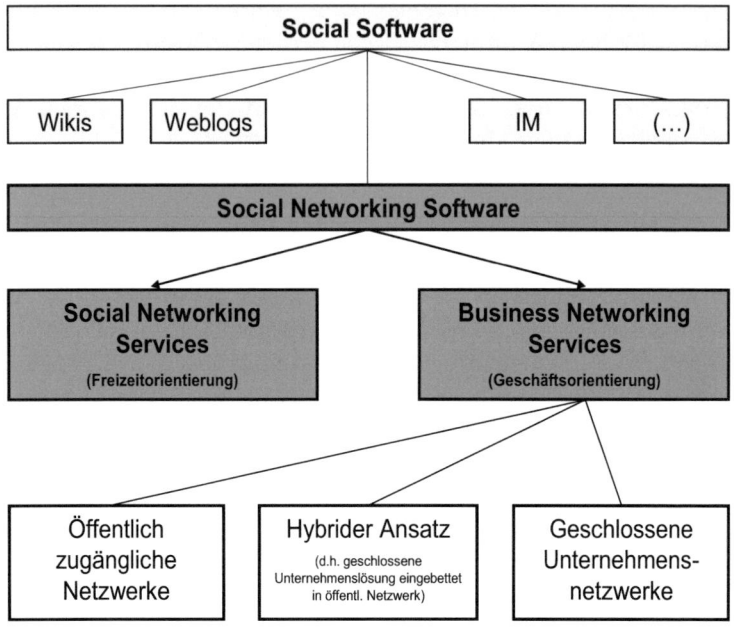

Abbildung 15: Einordnung und Kategorisierung von SNS

Quelle: Eichholz (2005): S. 67

3.3.3.3 Offene Netzwerke und geschlossene Netzwerke

In der Frage der Offenheit von Netzwerken geht es darum, ob Außenstehende Mitglied des Netzwerkes werden können.

So ist generell festzuhalten, dass Unternehmenslösungen, die Firmennetzwerke abbilden, geschlossene Netzwerke darstellen.

Bei den auf individuelle Akteure ausgerichteten Networking-Plattformen sind verschiedene Grade der Offenheit möglich. So ist der Open Business Club ein völlig offenes System, in dem jeder Mitglied werden kann und prinzipiell jeden kontaktieren kann[204]. Lin-

---

[204] Privacy-Einstellungen ermöglichen Einschränkungen

kedIn hingegen ist ein geschlossenes System derart, dass zwar jeder Mitglied der Plattform werden kann, die Sub-Netzwerke aller anderen Nutzer vorerst aber verborgen bleiben. Erst nach Herstellung eines eingetragenen Kontakts wird das Subnetzwerk des anderen Teilnehmers sichtbar.

Bei Freizeit-Plattformen kennt man diese Art von Abgeschlossenheit nicht, hier gibt es neben den offen zugänglichen Plattformen wie MySpace und Friendster jedoch „invitation-only"-Plattformen wie Orkut, wo man ausschließlich auf Einladung Mitglied der Plattform werden kann.

3.3.4 Datenschutz und Privatsphäre

Privatsphäre bzw. Privacy ist *„the freedom from undesirable intrusions and the avoidance of publicity*[205]*"*.

Social Networking Sites ermutigen die Benutzer, persönliche Informationen über sich selbst offen preis zu geben. Diese Informationen umfassen Namen, Arbeitgeber, Kontaktdaten, Interessen und vor allem das eigene Kontaktnetzwerk. Das preisgeben der eigenen Identität ist, wie in Kapitel 3.5.1 beschrieben, für Vertrauen sehr wichtig, aus Sicht des Datenschutz und Privatsphärenschutz jedoch bedenklich.

Während man sich bei den seriösen Businessplattformen aber schützen kann, in dem für fast jede Information angegeben werden kann, wer sie sehen darf und wer nicht[206], sieht der Datenschutz gegenüber den Anbietern der Plattformen problematischer aus. Die Privacy-Policies der Anbieter gewähren diesen in manchen Fällen das Recht der Weiterverwendung von persönlichen Informationen.

---

[205] O'Murchu / Breslin / Decker (2004): S. 18
[206] OpenBC bietet hier dem Benutzer beispielhafte Einstellungs-Freiheit. Abgesehen vom Namen und Arbeitgeber kann hier jede Information ausgeblendet werden. Standardmäßig ist jedoch jede Information offengelegt. Bei LinkedIn ist das Kontaktnetzwerk einer Person standardmäßig nach außen hin nicht sichtbar.

O'Murchu et al halten dazu fest: „*...it is still the case that most users sign up and contribute information without even reading the privacy policy*[207]".

3.4 Marktübersicht der Online-Netzwerke

"Social networks are like grease — in some cases, gasoline — for our personal business networking machines. If you aren't plugged in, you will be out-done by better-connected, hypernetworked colleagues and competitors."

Travis Kalanick, Founder and CEO of Red Swoosh

Die größte bekannte Auflistung von Social Networking Sites bietet „The Social Software Weblog[208]". Die Liste wurde am 14. Februar 2005 letztmalig aktualisiert und umfasst 380 Angebote, dazu kommen weitere knapp 400 Vorschläge und Ergänzungen von Lesern. Wie viele dieser Plattformen zum heutigen Tag (noch) verfügbar sind, ist jedoch nicht evaluiert.

Die folgende Übersicht zeigt freizeitorientierte Social Networking Sites mit großer Bekanntheit und hohen Nutzerzahlen:

---

[207] O'Murchu / Breslin / Decker (2004): S. 19
[208] Vgl. Meskill (2005): Home of the Social Networking Services Meta List, in: The Social Software Weblog. URL:,
http://socialsoftware.weblogsinc.com/2005/02/14/home-of-the-social-networking-services-meta-list/ (abgerufen am 03.03.2006)

Plattform	Ausrichtung	Gründung	Mitglieder	Niederlassung
Friendster	SNS	April 2002 / März 2003 on-line	24 Millionen	San Francisco (USA)
MySpace	SNS	Juli 2003 / Jan 2004 on-line	54 Millionen[209]	USA
Orkut	SNS	Jänner 2004	12 Millionen	Mountain View (USA)
Tribe.net	SNS	Jänner 2003	300.000	San Francisco (USA)
Facebook	SNS	Februar 2004	6 Millionen[210]	Boston (USA)
LiveJournal	SNS	März 1999	9 Millionen	Gründung: Seattle (USA) heute: San Francisco

Tabelle 3: Marktübersicht Social Networking Sites

Der Markt der Business Networking Sites ist kleiner, die mit Abstand bekanntesten und den Markt dominierenden Vertreter sind:

---

[209] ORF Futurezone (2006): MySpace macht Jagd auf Internet-Riesen. URL: http://futurezone.orf.at/it/stories/90833/ (abgerufen am 03.03.2006)
[210] Dezember 2005

Plattform	Ausrichtung	Gründung	Mitglieder	Niederlassung
Ecademy	BNS	1998/2002[211]	24.000[212]	Farnham (GB)
Ryze	BNS	Oktober 2001	250.000[213]	San Francisco (USA)
LinkedIn	BNS	Mai 2003	5.000.000[214]	Palo Alto (USA)
OpenBC	BNS	Oktober 2003	1.000.000[215]	Hamburg (D)

Tabelle 4: Marktübersicht Business Networking Sites

3.5 Open Business Club

"Schon mit 20 Kontakten erreicht so manches OpenBC-Mitglied mehr als 1.000 Kontakte des zweiten Grades. Darin liegt das größte Potenzial. Denn häufig sind es ja nicht unsere direkten Kontakte, die uns neue Aufträge bescheren, sondern die Kontakte hinter unseren Kontakten."

Lars Hinrichs[216]

Die Business Networking Site „Open Business Club" (Kurzform "OpenBC", Web-URL: http://www.openbc.com) ging im Oktober 2003 online. Gründer und Geschäftsführer der Open Business Club GmbH mit Sitz in Hamburg ist Lars Hinrichs.

Die Plattform steht mittlerweile in 16 Sprachen zur Verfügung und wird von Personen in 200 Ländern genutzt. OpenBC bezeichnet

---

[211] Ursprünglich gegründet 1998, seit 2000 als Netzwerk, seit 2002 in seiner heutigen Form als Networking-Plattform. Quelle: Power (2005): Ecademy was Founded in Pizza Express in 1998. URL: http://www.ecademy.com/node.php?id=914 (abgerufen am 03.03.2006)
[212] Auskunft von Thomas Power per E-Mail
[213] Ryze (o.J.): URL: www.ryze.com (abgerufen am. 03.03.2006)
[214] LinkedIn (2006)
[215] OpenBC (2006)
[216] Aussage von Lars Hinrichs in: Täubner (2005): Leichter Zugriff auf Vitamin B, in: Financial Times Deutschland vom 16.09.2005. URL: http://corporate.openbc.com/de/presse/pressespiegel/single-news/news/leichter-zugrif/1.html (abgerufen am 06.03.2006)

sich selbst als „führende europäische Networking-Plattform für professionelles und sicheres Kontaktmanagement im Internet"[217].

Die Mitgliederzahl hat Ende Jänner 1 Million überschritten, Ziel von OpenBC ist die das Erreichen von 10 Millionen Mitgliedern im Jahr 2007[218].

OpenBC fasst die Funktion der Site folgendermaßen zusammen: *„Im Mittelpunkt stehen vor allem die Verkürzung der Zeitspanne auf der Suche nach neuen Geschäftspartnern, die Anbahnung neuer Geschäftskontakte, das Erschließen zusätzlicher Absatzmärkte, das Finden von Kooperationsmöglichkeiten sowie Aufbau und Pflege von bestehenden Geschäftsbeziehungen. Weiterhin bieten mehr als 1.500 Fachforen jederzeit Zugang zu praxisnahen Expertenwissen.[219]"*

3.5.1 Oberfläche

Für Erstbesucher bzw. noch nicht registrierte und einloggte Benutzer bietet die **Startseite** eine kurze Vorstellung der Plattform, einen Verweis auf eine „Guided Tour" sowie die Auswahl der 16 implementierten Sprachversionen.

Nach Registrierung bzw. bei eingeloggten Benutzern bietet die Startseite, wie in Abbildung 16 ersichtlich, eine obligatorischen „To do"-Liste, die auf eingegangene Nachrichten, zu bestätigende Kontakte oder fehlende Kontaktdaten hinweist.

---

[217] OpenBC (o.J.): OpenBC Basisinformationen. URL: http://corporate.openbc.com/de/pressemitteilung/news/openbc-basisinf/1.html (abgerufen am 06.03.2006)
[218] OpenBC (2006): Jetzt über 1 Million Mitglieder. URL: http://corporate.openbc.com/de/pressemitteilung/news/openbc-jetzt-ue.html (abgerufen am 06.03.2006)
[219] OpenBC (o.J.): .): "OpenBC Basisinformationen"

Abbildung 16: Startseite von openBC.com

Darüber hinaus können auf der Startseite bis zu 7 Infoboxen eingeblendet werden, wie beispielsweise eine Auflistung der 5 neuesten Mitglieder oder die nächsten Geburtstag der bestehenden Kontakte.

Neben der Startseite ist die **Kontaktseite** das zentrale Element der Plattform. Auf der eigenen Kontaktseite wird das eigene Personenprofil dargestellt. Die Kontaktseite ist eine Art Visitenkarte, mit der man sich allen anderen Mitgliedern präsentiert. Ebenso sind die Kontaktseiten aller anderen Mitglieder Ausgangspunkt aller Kontaktanbahnungen auf dieser Networking-Plattform. Abbildung 17 zeigt eine beispielhafte Kontaktseite.

Abbildung 17: Kontaktseite von openBC.com

Die Kontaktseite ist in 4 Registerblätter unterteilt: Businessdaten, Kontaktdaten, Gästebuch und „Über mich". Die in den Businessdaten eingegebenen Informationen sind wahlweise für alle Mitglieder oder zusätzlich auch für jeden Internet-Benutzer abrufbar. Die Kontaktdaten, die sich in geschäftliche und private Kontaktdaten unterteilen, werden hingegen grundsätzlich niemandem angezeigt. Bei der Erstellung eines „Kontaktes" zu einem anderen Mitglied wird jedes Mal individuell entschieden, welche Teile der Kontaktdaten die jeweilige Person einsehen darf.

3.5.2 Funktionalität

Folgende Abbildung veranschaulicht die Funktionen von OpenBC, wobei diese von Renz[220] in 7 Dimensionen gruppiert wurden.

---

[220] Vgl. Renz (2006): S, 61

OpenBC als Ganzes	Selbstdar- stellung	Kontakte suchen	Kontakte verwalten	Verbin- dungen	Kommu- nikation	Admini- stration
Menü- punkt „Start"	Menü- punkt „Kontakt"	Menü- punkt „Su- che"	Menüpunkt „Kontakte"	„Eigene Kontakt- seite"	„Post- fach" „Grup pen" „Termi ne"	diverse Menü- punkte
Mitglied- schaft durch Anmel- dung	Business- daten	einfache Suche	Personen merken	Ihre Ver- bindung zu Kontakt X	Nachrichten an Kontakt X senden	Datenfrei- gabe bear- beiten
Premium- Mitglied- schaft	Geschäft- liche Kon- taktdaten	Powersuche	Notizen zu Personen hinzufügen	Zeige alter- native Ver- bin-dungen	Nachrichten verwalten	Stamm- daten anle- gen
PrePaid- Konto	Private Kontakt- daten	Suchagen- ten	Personen vermitteln		Kontakte anrufen	Infoboxen anpassen
openBC mobil	Über mich		Person als Kontakt hin- zufügen		Telefon- Konferen- zen verein- baren	Sprach- einstellun- gen
Private Clubs	Gästebuch		Person ein- laden		Gruppen (Foren)	LogIn/ LogOut
	Bild einfü- gen		Kontakte mit Adressbuch vergleichen		Termine anlegen	Zugangs- daten mer- ken
						Passwort ändern

Tabelle 5: Funktionalitäten von openBC, nach verschiedenen Dimensionen

Quelle: in Anlehnung an Renz (2006), S. 61

3.5.3 Mitgliedschafts-Arten

Jedes Mitglied, das einem Einladungslink eines Bekannten folgt, erhält im ersten Monat kostenlos den Status der Premium-Mitgliedschaft. Damit ist es kosten- und risikolos möglich, alle Funktionalitäten zu testen und abzuschätzen, ob ein künftiger Bezug der Premium-Mitgliedschaft lohnenswert ist.

Ab dem 2. Monat wird das Mitglied dann in die kostenlose Standard-Mitgliedschaft zurückgestuft, kann aber zum Preis von EUR 5.95 pro Monat die Premium-Mitgliedschaft erwerben, wobei die Mindestvertragslänge 3 Monate beträgt.

Nachfolgende Darstellung zeigt übersichtlich die Unterschiede der beiden Tarife. Die Möglichkeiten der Suche und des Kontaktierens anderer Mitglieder ist derart eingeschränkt, dass sich diese Mitgliedschafsart nur zum passiven Verbleib im Netzwerk ohne eigene Networking-Ambitionen anbietet.

	Standard-Mitgliedschaft	Premium-Mitgliedschaft
Suchfunktionen	Suche in den Feldern Vorname, Nachname, Branche und Ort (geschäftlich)	Suche in allen Feldern
	Powersuche nicht möglich	Powersuche
	Suchagenten eingeschränkt möglich	Suchagenten
Kommunikation	Nachricht an Mitglieder senden nicht möglich	Nachricht an Mitglieder senden
	Maximal 10 Teilnehmer bei eigenen öffentlichen Terminen	Unbegrenzte Teilnehmerzahl bei eigenen öffentlichen Terminen
	Export der Teilnehmerdaten bei eigenen öffentlichen Terminen nicht möglich	Export der Teilnehmerdaten bei eigenen öffentlichen Terminen
	Maximal 1 öffentlicher Termin pro Monat	Maximal 10 öffentliche Termine pro Monat
Preis	EUR 0,00	EUR 5,95

Tabelle 6: Die beiden Mitgliedschafts-Arten von OpenBC
Quelle: in Anlehnung an Renz (2006): S, 62

3.5.4 Geschäftsmodell

Das Geschäftsmodell von OpenBC basiert auf den im vorangegangenen Kapitel erläuterten Mitgliedschaftsarten. Die Plattform finanziert sich somit primär aus den Beiträgen der Premium-Mitglieder. Gemäß Vom dritten Monat an waren die Cashflows positiv, im ersten Jahr schon schrieb die Open Business Club GmbH schwarze Zahlen[221].

---

[221] Vgl. Ax (2005): Die Kunst der Vernetzung feiert zehnjähriges Jubiläum, in: Die Welt vom 20.06.2005. URL:

Daneben wird die Social Software Technologie von OpenBC als White Label Produkt lizenziert. Angeboten wird das Produkt „Private Club" für etablierte Unternehmens-Netzwerke, Alumni renommierter Universitäten und professionelle Business-Clubs. Kunden sind unter anderem das Handelsblatt mit handelsblatt.net und die Studentenorganisation AISEC mit aiesec-alumni-worldwide.org.

Ende 2005 erhielt OpenBC in einer Finanzierungsrunde von Wellington Partners 5,7 Millionen Euro Risikokapital. Damit will CEO Lars Hinrichs den internationalen Roll-out der Plattform weiter vorantreiben.

3.6 Vertrauen und Reputation im Kontext von Online-Netzwerken

"Face-to-Face contact ist the glue which binds people together."

William Davies, iSociety

Die Bedeutung von Vertrauen und Reputation als Basis von reziproker Kooperation wurde bereits im Kapitel 2.4 dargelegt.

Im Kontext von Online Networking Plattformen ändern sich die Rahmen-bedingungen zur Bildung von Vertrauen und Reputation, aber auch die Bedeutung dieser Werte.

3.6.1 Vertrauen

Vertrauen erfordert das Risiko, sich auf einen Akteur einzulassen, verbunden mit der Möglichkeit von Sanktionen bei opportunistischem Verhalten. Im Kontext der Online-Welt verlangt Vertrauen daher zwei Dinge:

---

http://corporate.openbc.com/de/presse/pressespiegel/single-news/news/die-kunst-der-v-1/1.html (abgerufen am 08.03.2006)

1. Identität

Wenn ein Akteur mit einem anderen eine reziproke Beziehung eingehen soll, in der eine Vorleistung bzw. ein Vertrauensvorschuss notwendig ist, so ist das Wissen um die Identität des anderen Akteurs eine Mindestanforderung. In Business-Netzwerken wie LinkedIn und OpenBC legen die Mitglieder ihre Identität weitgehend offen (lediglich Kontaktdaten werden nutzerbezogen „freigeschaltet")[222].

2. Vertrautheit

Vertrautheit ist ein wichtiger Bestandteil und Begleiter von Vertrauen. Sie ist jedoch über virtuelle Umgebungen schwer herzustellen. Ein signifikantes Maß an Vertrautheit kann nur über reale Begegnung hergestellt werden. Der persönliche Kontakt („face-to-face") hat beim Aufbau von Vertrauen hohe Bedeutung[223]. Kontaktanbahnungen in Business Networking Sites haben daher oft ein persönliches Treffen zur Folge, organisierte Offline-Treffen von Gruppierungen innerhalb von Networking-Sites werden immer beliebter. Ecadey

3.6.2 Reputation

Das Internet als öffentliches Informationsmedium eröffnet der Erzeugung und des Abrufs von Reputation, also von öffentlich verfügbaren Informationen über die Vertrauenswürdigkeit von Akteuren, neue Möglichkeiten.

Lange war das Internet jedoch ein anonymer Ort, in dem virtuelle Identitäten den realen vorgezogen wurden. Mit dem Aufkommen der „Social Software" kommt es auch zu einer „Vermenschlichung" des Internets. In Business Networking Sites agieren Millionen Menschen mit realen Identitäten und realen Profilen. Damit wird es möglich, Informationen über die Reputation von Akteuren

---

[222] Vgl. Sixtus (2005): S. 5
[223] Vgl. Davies (2003): S. 20

über Internet-Quellen, im speziellen über solche Netzwerke zu beziehen.

Hogg und Adamic[224] weisen dabei auf zwei Möglichkeiten hin, wie Reputation abgefragt werden kann:

1. Durch die Einbettung des Akteurs in ein soziales Netzwerk

Durch Offenlegung des eigenen sozialen Netzwerks kann sich ein Akteur nicht mehr in die Anonymität zurückziehen. Das Einholen von Referenzen bei Kontaktpersonen des Akteurs ist eine Möglichkeit, um Aussagen über die Reputation des Akteurs selbst zu erhalten. Noch einfacher ist es, jeden im Netzwerk gekennzeichneten Kontakt des Akteurs als implizite Empfehlung zu werden. Stark vernetzte Personen haben somit hohe Reputation. Es wird davon ausgegangen, dass Personen mit niedriger Reputation von anderen nicht gerne als Kontakt offen deklariert werden. Darüber hinaus ist es denkbar, den gekennzeichneten Kontakten Gewichtungen hinzu zu fügen, was von den bekannten BNS bis dato noch nicht realisiert wurde.

2. Durch Feedback- und Rating-Mechanismen

Rating-Mechanismen sind ein hervorragendes Mittel, um aus retrospektiven Erfahrungen einzelner mit einem bestimmten Akteur einen öffentlichen „Reputationswert" zu generieren. Dabei wird eine Person nach einer Transaktion beurteilt. Je höher die Zufriedenheit mit der Person, desto höher fällt das Rating aus. Das Online-Auktionshaus Ebay ist ein „Best Practice" Beispiel bei Online-Ratings. Die Teilnahme an einer Versteigerung hängt wesentlich vom Rating des Verkäufers ab, das von den bisherigen Käufern abgegeben wurde, denn es ist in vielen Fällen die einzige Quelle für die Reputation des Verkäufers.[225]

In sozialen Netzwerken können Ratings verfeinert werden, in dem beispielsweise lediglich die Ratings zur Beurteilung herangezogen werden, die von Personen des sozialen Umfelds der Zielper-

---

[224] Hogg / Adamic (2004): S. 1
[225] Vgl. O'Murchu et al (2004): S. 16

son über diese abgegeben wurden. Oder man beachtet ausschließlich, wie die eigene sozialen Gruppe die Zielperson geratet hat.

Neben Ratings sind auch Empfehlungen bzw. Testimonials üblich, um die Online-Reputation von Personen zu beeinflussen. Orkut bietet ein derartiges System, aber auch LinkedIn. Das Web-Angebot „iKarma.com" hat überhaupt nur den einen Zweck, Online-Reputation von Personen innerhalb sozialer Netzwerke zu erzeugen und abzubilden. Wichtig ist, darauf zu achten, wie viele Grade die Empfehler vom Empfohlenen innerhalb eines Netzwerks entfernt sind. Die direkten Kontakte eines Empfohlenen sollten beispielsweise nicht unbedingt die einzigen sein, die von diesem überzeugt sind.[226]

Durch die Einbettung von digitaler Reputation in sichtbare soziale Netzwerkstrukturen wird es jedenfalls schwieriger, Reputationsmechanismen zu manipulieren.[227]

---

[226] ebenda, S. 17
[227] Vgl. Hogg / Adamic: S. 1

4 Ökonomische Betrachtung von Business-Networking

4.1 Untersuchung: Nutzenerwartung von neu registrierten O-penBC Nutzern

4.1.1 Zielsetzung der Untersuchung

Um das Hauptziel dieser Diplomarbeit, die Online Networking-Aktivitäten der Benutzer von OpenBC, messen und ökonomisch bewerten zu können, ist es einerseits notwendig, die Erfolge in Zahlen zu messen (siehe Kapitel 4.2.3) und andererseits, die Erwartungen der Benutzer abzufragen. Erst in Relation zu den Erwartungen können die in Zahlen angegebenen Erfolge beurteilt werden.

Am sinnvollsten ist es, die Benutzer von OpenBC direkt nach der erstmaligen Registrierung nach ihren Erwartungen zu befragen.

4.1.2 Aufbau und Durchführung der Untersuchung

Die Erhebungsmethode war eine Befragung mittels Online-Selbstausfüller-Fragebogen. Die Auswahl beinhaltete sämtliche neu registrierte österreichische Benutzer ab 27.08.2005 bis zu dem Zeitpunkt, an dem ein Panel von 200 Teilnehmern erreicht war. Dies war am 20.09.2005 der Fall. Von 450 eingeladenen Personen haben somit 200 an der Befragung teilgenommen, was einer Rücklaufquote von 44,4 % entspricht.

Der Fragebogen gliedert sich in folgende Themenkomplexe:

    a.   Suchen versus Gefunden werden

    b.   Persönliche Ziele der Online-Networking Aktivitäten

    c.   Neuanbahnung – Pflege – Wiederauffinden von Kontakten

    d.   Personen- und Beziehungs-Recherche

    e.   Ermittlung der Erfolgsfaktoren von OpenBC

    f.   Demografisches

Der Themenkomplex „Suchen versus Gefunden werden" befasst sich mit der geplanten Intensität der OpenBC-Nutzung. Wird der Benutzer die Plattform aktiv zur Kontaktsuche nutzen oder ist es ihm primär wichtig, auf der Plattform präsent zu sein um gefunden werden zu können. Der Themenkomplex „Persönliche Ziele der Online-Networking Aktivitäten" befasst sich mit den persönlichen Zielen der OpenBC-Nutzung. Die Ziele gliedern sich wie die zum späteren Zeitpunkt zu ermittelnden Erfolge in: Finden von Käufern; Verkäufern; Kooperationspartnern; Bewerbern; fachlichen Ansprechpartnern sowie damit verbundene tatsächliche Transaktionen. Im Themenkomplex „Neuanbahnung – Pflege – Wieder auffinden von Kontakten" wird die Schwergewichtsetzung zwischen Neuanbahnung, Pflege und Wieder Auffindung von Kontakten ermittelt. Die Befragung könnte Präferenzen in bestimmte Richtungen des Networkings hervorbringen, die es dann beim tatsächlich erlebten Nutzen der Plattform nachzufragen gilt. Der Themenkomplex „Personen- und Beziehungs-Recherche" befasst sich mit dem Interesse nach Personen- und Beziehungsrecherche, da OpenBC als offene und transparente in diesem Bereich viele Möglichkeiten offen hält. Im Themenkomplex „Ermittlung der Erfolgsfaktoren von OpenBC" wird versucht, mögliche Vorteile bzw. Erfolgsfaktoren von Online-Networking Plattformen wie OpenBC zu ermitteln, die bei der späteren Befragung dann gewichtet werden sollen. Der Themenkomplex „Demografisches" befasst sich mit der demografischen Struktur der Teilnehmer, um Rückschlüsse auf die Nutzerstruktur von OpenBC zu erhalten.

4.1.3 Darstellung der Ergebnisse

Die Ergebnisse der Untersuchung werden entsprechend der oben angeführten Themenkomplexe dargestellt und analysiert.

4.1.3.1 Demografisches

Befragt wurden die Benutzer nach dem beruflichen Status, der Berufserfahrung sowie Branche und Position in ihrem Unternehmen.

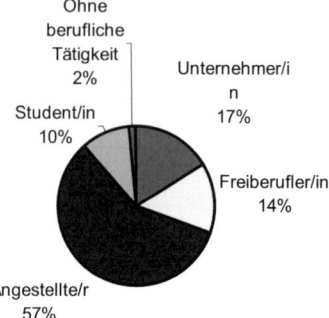

Beruflicher Status

Ohne berufliche Tätigkeit 2%

Unternehmer/in 17%

Student/in 10%

Freiberufler/in 14%

Angestellte/r 57%

Abbildung 18: Beruflicher Status

Die Auswertung des beruflichen Status zeigt eine Überrepräsentanz von Unternehmern und Freiberuflern in Relation zum Arbeitsmarkt in Österreich.

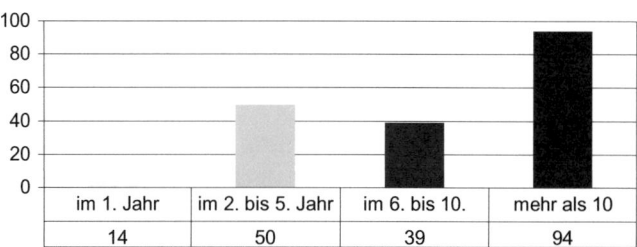

Berufserfahrung

	im 1. Jahr	im 2. bis 5. Jahr	im 6. bis 10.	mehr als 10
	14	50	39	94

Abbildung 19: Berufserfahrung

Knapp die Hälfte der Befragten (48%) haben bereits mehr als 10 Jahre Berufserfahrung.

Branche

Die Betrachtung der Untersuchungsteilnehmer nach Branchen ihrer beruflichen Tätigkeit zeigt, dass die IT/Datenverarbeitung mit 15,5 Prozent die dominierende Brache ist. Das Trio Werbung/Marketing/PR mit 11,3 Prozent, Banken/Finanzdienstleister mit 8,7 Prozent und Telekommunikation mit 7,2 Prozent komplettieren die dominierenden vier Branchen.

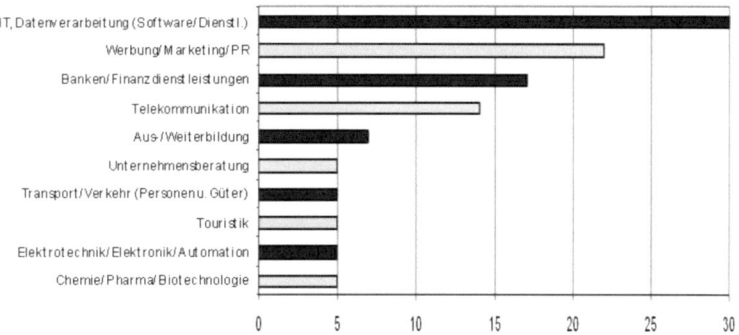

Abbildung 20: Branchenzuordnung der befragten Personen

4.1.3.2 Suchen versus Gefunden werden

Gefragt wurden die Nutzer sowohl, ob sie OpenBC zur Suche nach Kontakten nutzen wollen (aktiv sein), als auch ob sie OpenBC nutzen wollen, um selbst gefunden zu werden (präsent sein).

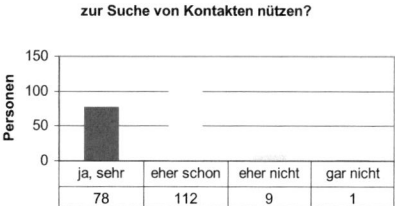

Abbildung 21: Suche von Kontakten

Möglich waren Antworten von „ja, sehr" (4) bis „gar nicht" (1). Der durchschnittliche Wert ergab so für das **„Selbst suchen"** 3,34 und für das **„Gefunden werden wollen"** auch genau **3,34**. Es gibt hier also bei der Registrierung keine spezielle Intention, worauf die Benutzer ihre Teilnahme schwerpunktmäßig anlegen.

4.1.3.3 Persönliche Ziele beim Online-Networking

Die Befragten wünschen sich Unterstützung bei...

1	...der Suche nach Personen mit ähnlichen fachlichen Interessen?	3,19
2	...der Suche nach Personen, die für die eigene Karriere behilflich sein könnten?	3,12
3	...der Suche nach Kooperationspartnern?	3,02
4	...der Suche nach Fachwissen?	2,97
5	...der Suche nach Kunden bzw. Aufträgen?	2,70
6	...der Suche nach ehemaligen Arbeitskollegen/innen?	2,59
7	...der Suche nach Jobangeboten und einem Job?	2,59
8	...der Suche nach ehemaligen Schul-/Studienkollegen/innen?	2,58
9	...der Suche nach Lieferanten?	2,18
10	...der Suche nach Bewerbern für offene Jobs?	2,10

Tabelle 7: Persönliche Ziele beim Online-Networking

Die Reihung der abgefragten bevorzugten Einsatzgebiete der Networking-Plattform zeigt die Durchschnittsangaben auf einer Skala von 1 („gar nicht") bis 4 („ja, sehr"). In dieser Reihung ist die Suche nach fachlichen Kollegen an der Spitze der Networking-Ziele. Dieses Networking-Einsatzgebiet kann zusammen mit den Punkten 3 und 4 als „**Fachliche Kontakte**" zusammengefasst werden.

Dahinter rangiert die Suche nach Personen, die für die eigene Karriere behilflich sein könnten. Dies bildet mit Punkt 7 das Networking-Einsatzgebiet „**Karriere**". Der streng ökonomische Part („**Ökonomische Verwendung**") liegt nur auf Rang 5 und 9 und bildet mit der Suche nach ehemaligen Arbeits- und Schulkollegen (Ränge 6 und 8; „**Reaktivierung von Altkontakten**") in der 2. Hälfte der Reihung. Den Abschluss bildet die Bewerbersuche, die zum Einsatzgebiet „Karriere" gehört, aber nur für die personal suchenden Networker relevant ist. Bis auf Rang 9 und 10 sind jedoch alle Einsatzgebiete durchschnittlich positiv bewertet (ab einem Durchschnittswert von 2,5).

4.1.3.4 Neuanbahnung – Pflege – Wieder auffinden von Kontakten

Die Umfrageteilnehmer wurden nach ihrer Schwerpunktsetzung hinsichtlich ihrer Kontakte befragt: Soll die Networking-Plattform bevorzugt zur Neuanbahnung verwendet werden? Ist die einfachere oder schnellere Pflege bestehender Kontakte das angestrebte Ziel? Oder erwartet man sich ein nützliches Tool zum wieder Auffinden verloren gegangener Kontakte?

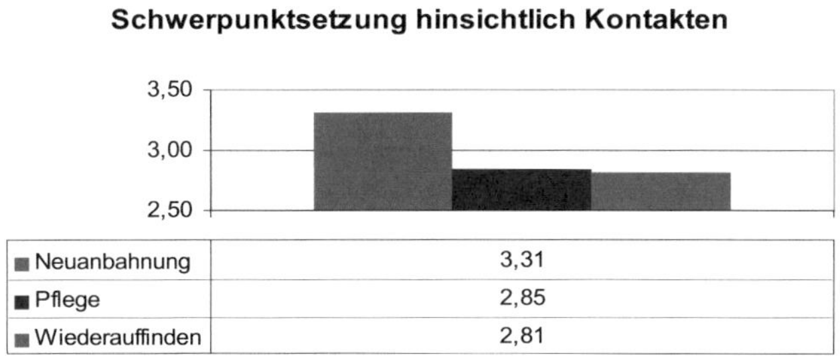

Schwerpunktsetzung hinsichtlich Kontakten

■ Neuanbahnung	3,31
■ Pflege	2,85
■ Wiederauffinden	2,81

Abbildung 22: Schwerpunktsetzung hinsichtlich Kontaktwünsche

Die Abbildung zeigt, dass die Anbahnung neuer Kontakte klar im Vordergrund steht. Pflege und Wiederauffinden von Kontakten sind auch noch deutlich über dem neutralen Wert 2,5 angesiedelt.

Die Abbildung zeigt aber auch, dass die Neuanbahnung von Kontakten nicht das Ziel aller befragten OpenBC-Teilnehmer ist: Es sind genau 81 Personen, die mit „ja, sehr" geantwortet haben. Weitere 100 antworteten mit „eher schon" und immerhin 19 Personen antworteten mit „eher nicht". Bei letzteren eröffnet sich die Frage, wieso sie eine Networking-Plattform wie OpenBC nutzen, wenn sie keine neuen Kontakte wünschen. Denkbar ist, dass sie sich aufgrund einer Einladung von Bekannten im System registriert haben, ohne das Tool selbst nutzen zu wollen.

4.1.3.5 Personen- und Beziehungs-Recherche

Gefragt wurden die Benutzer nach der Relevanz von zwei wesentlichen Aspekten, die die Transparenz der Plattform mit sich bringt: Der erste Aspekt ist das offene Profil aller Nutzer[228] und der zweite Aspekt die einsehbaren Kontakte aller Nutzer[229].

Es wurde daher erhoben, ob man OpenBC nutzen will, um Informationen über bestimmte Personen zu finden (Personen-Recherche) und ob Interesse besteht, herauszufinden, welche Kontakte die eigenen Kontakte ihrerseits haben (also die Kontakte 2. Grades). Die beiden folgenden Abbildungen zeigen, dass grundsätzlich großes Interesse besteht, wobei das Interesse über die Kontakte 2. Grades sogar noch höher ist, als über die eigenen Kontakte.

Möchten Sie OpenBC nützen, um näheres über bestimmte Personen (andere OpenBC-Benutzer) herauszufinden?

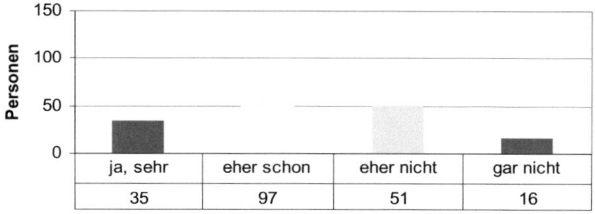

	ja, sehr	eher schon	eher nicht	gar nicht
	35	97	51	16

Abbildung 23: Research von personenbezogenen Informationen

---

[228] Offen ist das Profil („Kontaktseite") so weit, wie es der jeweilige Nutzer für sein Profil bestimmt
[229] Jeder Nutzer kann die Anzeige seiner Kontakte für andere unsichtbar machen. In der Praxis tun dies aber nur wenige, da dies dem Gedanken einer offenen Plattform wie OpenBC entgegenwirkt.

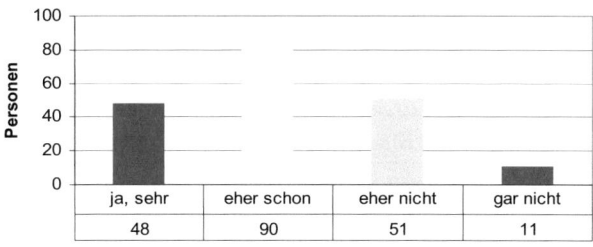

Möchten Sie OpenBC nützen, um herauszufinden, welche Kontakte Ihre Kontakte haben?

	ja, sehr	eher schon	eher nicht	gar nicht
	48	90	51	11

Abbildung 24: Research von Kontakten 2. Grades

4.1.3.6 Ermittlung der Erfolgsfaktoren von OpenBC

Welche Vorteile sich die Nutzer von einem reinen Online-Netzwerk wie OpenBC im Gegensatz zu Offline-Netzwerken erwarten, wurde in einer offenen Frage gestellt. Die Antworten können in folgende Kategorien zusammengefasst werden:

- Aktualität und Dynamik
- Flexibilität der Plattform
- Größe der Plattform
- Möglichkeit des Selbstmarketings
- Schnelligkeit
- Sicherheit, Datenschutz, Seriosität
- Suchfunktionalität
- Transparenz
- Überregionalität/Internationalität
- Unabhängigkeit von Geschäftszeiten

Tabelle 8: Erfolgsfaktoren von Online Networking Sites

Eine Gewichtung dieser klassifizierten Erfolgsfaktoren wurde in der Zweitbefragung durchgeführt. Siehe dazu Kapitel 4.2.3.5

4.1.3.7 Nutzung anderer Netzwerke

Die Beantwortung der Frage nach der Nutzung anderer Online-Netzwerke fällt sehr deutlich aus: Nicht mehr als 8 Prozent der Befragten nutzen andere Online-Netzwerke. Dies ist insbesondere deshalb wenig verwunderlich, weil OpenBC das führende Online-Netzwerk seiner Art in Europa ist und andere Plattformen wie Ecademy, LinkedIn oder Ryze ausschließlich englischsprachig sind.

Nutzen Sie bereits andere Online-Netzwerke?

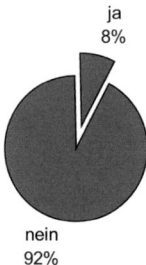

Abbildung 25: Nutzung anderer Online-Netzwerke

Mehr als doppelt so viele, also 17 Prozent geben an, andere Off-line-Netzwerke wie Vereine, Berufsverbände, Absolventenverbände oder Clubs zu nutzen. 61 Prozent verneinen auch diese Frage. Bei der Mehrzahl der Befragten handelt es sich also nicht um typische Netzwerker, ganz im Gegenteil. In wie weit diese Aussage auf die komplette OpenBC Plattform umzulegen ist, ist schwierig zu beantworten, da denkbar ist, dass die professionellen Netzwerker schon früh Mitglied von OpenBC wurden und daher unter der nun dazu stoßenden Masse kaum zu finden sind.

Nutzen Sie bereits andere Offline-Netzwerke?

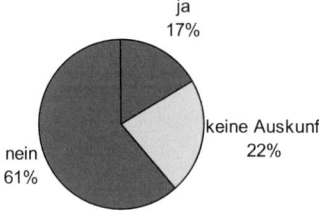

Abbildung 26: Nutzung anderer Offline-Netzwerke

4.1.4 Zusammenfassung

Zusammenfassend kann festgehalten werden, dass bei den befragten OpenBC Nutzern Unternehmer und Freiberufler überrepräsentiert sind. Die vier dominierenden Branchen sind IT, Werbung/Marketing/PR, Banken/ Finanzdienstleister und Telekommunikation.

Es gibt keine klare Präferenz zwischen Suchen und Gefunden werden, .das heißt es kann nicht gesagt werden, ob die Benutzer die Plattform primär zur aktiven Recherche nutzen wollen oder um bei Recherchen von Geschäftspartnern gefunden werden zu können.

Die Networking-Ziele sind 1. das Knüpfen von fachlichen Kontakten, 2. das Herstellen von Kontakten zu Karriere fördernden Personen, 3. die ökonomische Nutzung der Plattform, 4. und an letzter Stelle die Reaktivierung von Altkontakten. Das Knüpfen von neuen Kontakten steht dabei gegenüber Kontaktpflege und –Wiederauffindung deutlich im Vordergrund.

Nur 8 Prozent der Befragten nutzen andere Online-Networking Sites, 17 Prozent nutzen andere Offline-Netzwerke. Das lässt den Schluss zu, dass der Großteil der Nutzer durch Empfehlungen von Bekannten mehr oder minder zufällig in das OpenBC-System gelangen und dies der erste Kontakt zu professionellem oder strategischem „Networking" darstellt.

4.2 Untersuchung: Tatsächlich erlebter Nutzen von OpenBC Nutzern

4.2.1 Zielsetzung der Untersuchung

Die Untersuchung des tatsächlichen Nutzens von OpenBC in Form von konkreten Erfolgswerten stellt den Hauptteil dieser Untersuchung dar. Das Ziel ist, den Nutzen von neu registrierten OpenBC Benutzern nach einem Benutzungszeitraum von 3 Monaten abzufragen und sowohl in absoluten Zahlen, als auch im Vergleich zu den Erwartungen (siehe dazu Kapitel 4.1.3) zu messen.

4.2.2 Aufbau und Durchführung der Untersuchung

Die Erhebungsmethode war wiederum eine Befragung mittels Online-Selbstausfüller-Fragebogen. Die Auswahl beinhaltete das durch die Untersuchung in Kapitel 4.1 zustande gekommene Panel von 195 Teilnehmern[230]. Von diesen 195 angeschriebenen Personen haben 72 an der Befragung teilgenommen, was einer Rücklaufquote von 36,9 % entspricht.

Der Fragebogen gliedert sich in folgende Themenkomplexe:

    a.   Kontakte

    b.   Erfolge

    c.   Aktivität

    d.   Diskussionforen[231]

    e.   Erfolgsfaktoren von OpenBC

    f.   Demografisches

Der Themenkomplex „Kontakte" befasst sich mit der Struktur der über die OpenBC-Plattform hergestellten Kontakte. Diese bilden das gewonnene Sozialkapital des Benutzers (siehe Kapitel 2.3.1.2 – „Sozialkapital") und lassen auch Rückschlüsse über die Erfolge zu.

---

[230] 200 Teilnehmer abzüglich 5 Personen, die in der Erstbefragung keine gültiger E-Mail-Adresse bekannt gegeben haben

[231] Diese werden bei OpenBC.com mittlerweile „Gruppen" genannt

Der Themenkomplex „Erfolge" befasst sich mit der Ermittlung der erzielten ökonomischen Erfolge (Finden von Käufern, Verkäufern, Kooperationspartnern, Bewerbern, fachlichen Ansprechpartnern sowie damit verbundene tatsächliche Transaktionen). Die Themenkomplexe „Aktivität", „Diskussionsforen" und „Demografisches" sollen Einblick in die Einflussfaktoren von „erfolgreicher Nutzung" ermöglichen. Die Teilaspekte dieser Themen können sich in unterschiedlicher Weise auf die tatsächlichen Erfolge auswirken. Im Themenkomplex „Erfolgsfaktoren von OpenBC" bewerten die Befragten die in der Erstbefragung (siehe Kapitel 4.1) ermittelten Erfolgsfaktoren nach ihrer Wichtigkeit, woraus eine generelle Aussage über den Stellenwert und die Vorteile von Online-Netzwerken ermöglicht werden soll

4.2.3 Arithmetisches Mittel und Median

Im Rahmen dieser und der folgenden Untersuchung in Kapitel 4.3 wird es notwendig, Mittelwerte bestimmter Angaben zu berechnen. Durch das Aufsuchen der Mitte aller einzelnen Merkmalswerte wird der gesamte vorliegende Datenbestand zu einer einzigen aussagekräftigen Zahl komprimiert.

Zwei Möglichkeiten der Mittelwertsberechnung werden dabei in dieser Untersuchung angewandt:

Arithmetisches Mittel

Das ungewogene arithmetische Mittel wird berechnet, indem man die Summe aller Merkmalswerte durch deren Anzahl dividiert. Es ist somit ein rechnerischer Mittelwert. In dieser Untersuchung wird das ungewogene arithmetische Mittel vereinfacht „Mittelwert" genannt.

Median

Der Zentralwert, auch Median genannt, ist ein lagetypischer Mittelwert. Das heißt, er wird ausschließlich durch die Lage (Position) der einzelnen Merkmalswerte bestimmt. Der Median ist der Wert, der eine der Größe nach geordnete Reihe von Merkmalswerten halbiert.

Unterschied

Differenzen dieser Mittelwerte weisen auf die Schiefe einer Verteilung hin: Je schiefer die Häufigkeitsverteilung ist, desto weiter liegen die beiden Mittelwerte auseinander. Sind die unteren Klassen einer Verteilung stärker besetzt, so ist der Median niedriger als das arithmetische Mittel; sind hingegen die oberen Klassen stärker besetzt, so ist der Median höher als das arithmetische Mittel. Bei einer symmetrischen Verteilung weisen Median und arithmetisches Mittel den gleichen Wert auf.[232]

Die Ursache liegt in den Extremwerten der Verteilung: Während beim arithmetischen Mittel Extremwerte gleichberechtigt mit allen anderen in die Berechnung des Durchschnitts eingehen, spielen diese bei der Bestimmung des Median keine Rolle.

Monka / Voß empfehlen daher, beide Mittelwerte anzugeben, da die Selektion einer der beiden Berechnungsmethoden Raum für Manipulation schaffen könnte.

4.2.4 Darstellung der Ergebnisse

Im Folgenden werden die Ergebnisse entsprechend der oben angeführten Themenkomplexe dargestellt und analysiert.

4.2.4.1 Demografische Daten

Geschlecht	Anzahl Nennungen	Prozent
männlich	41	58,6%
weiblich	29	41,4%
Total	70	100,0%

Tabelle 9: Geschlechtsstruktur

---

[232] Vgl. Monka / Voß (2002): S. 86

Die Auswertung des **Geschlechts** zeigt einen leichten Überhang an männlichen Teilnehmern. Der Vergleich mit den Daten des
Austrian Internet Monitor, 3. Quartal 2005 mit n=3.000[233], der bei
den so genannten „Intensiv-Nutzern" in Österreich eine Verteilung
von 58 % Männer zu 42 % Frauen ermittelt hat, lässt somit folgende
Schlüsse zu:

a. Die Geschlechtsstruktur der Befragung ist
   repräsentativ für die österreichischen Internetbe-
   nutzer

b. Die Geschlechtsstruktur der OpenBC-Benutzer in
   Österreich entspricht relativ exakt jener der „Intensiv-Nutzer"

Mitarbeiterzahl	Nennungen	Prozent
1	14	20,6%
2 bis 10	13	19,1%
11 bis 50	8	11,8%
51 bis 100	4	5,9%
101 bis 500	12	17,6%
mehr als 500	17	25,0%
Total	68	100,0%

Tabelle 10: Unternehmensgröße nach Mitarbeiteranzahl

Am stärksten vertreten sind Selbstständige (Einzelunternehmer, Freelancer) und Mitarbeiter von Großunternehmen. Insgesamt
zeigt sich jedoch ein ausgewogenes Bild, in dem sämtliche Unternehmensgrößen repräsentiert werden.

---

[233] Quelle: medienforschung.orf.at

Beschäftigungsklassen	Beschäftigte	Prozent
1 bis 9	593.895	24,4%
10 bis 49	562.158	23,1%
50 bis 249	462.212	19,0%
250 und mehr	819.646	33,6%
Total	2.437.911	100,0%

Tabelle 11: Beschäftigungsstruktur in Österreich

Quelle: Statistik Austria (2003): Hauptergebnisse der Leistungs- und Strukturstatistik 2003 nach Beschäftigtengrößenklassen, Wien

Im Vergleich zur Beschäftigungsstruktur in Österreich zeigt sich ein überproportionaler Benutzeranteil von Mitarbeitern von Kleinunternehmen (OpenBC: 1 bis 10: **39,7 %** / Österreichische Bevölkerung: 1 bis 9: **24,4 %**).

Mehrfachnennung war möglich

Aufgabe im Unternehmen	Nennungen	Prozent
Unternehmensführung[234]	27	**37,5%**
Vertrieb	14	19,4%
Personalsuche	8	11,1%
Einkauf	6	8,3%
Projektleitung	27	**37,5%**
Entwicklung, Forschung	13	18,1%
Derzeit nicht berufstätig	4	5,6%
Sonstiges	16	22,2%

Tabelle 12: Aufgabengebiete im Unternehmen

Die Beleuchtung der Aufgabengebiete im Unternehmen zeigt, dass Berufstätige der Führungsebene (Unternehmensführung, Bereichsleitung) sowie Projektleiter am stärksten vertreten sind (je 37,5

---

[234] auch Bereichsleitung

%). Ersteres lässt sich vor allem durch den hohen Anteil an Einzel-
unternehmern (20,6 %) erklären, die selbstverständlich in ihrem eigenen Unternehmen Führungsaufgaben nachgehen. Drittstärkste
Gruppe sind Vertriebsmitarbeiter (19,4 %). Dagegen sind mit 8,3 %
weit weniger Einkäufer vertreten. Immerhin mehr als jeder zehnte
Benutzer (11,1 %) hat Recruitingaufgaben.

4.2.4.2 Struktur der geknüpften Kontakte

Ein OpenBC-**Kontakt** ist eine über OpenBC hergestellte Kon-
taktbeziehung, die von einer Person initiiert und von der anderen
akzeptiert werden muss, um Gültigkeit zu erlangen. Danach ist dieser Kontakt im Benutzerprofil beider Akteure eingetragen und für
Dritte sichtbar.

Dieser Kontakt ist der Ausdruck für eine hergestellte Geschäfts-
oder Privat-Beziehung in OpenBC und ist somit Gradmesser für das
erzeugte **Sozialkapital**. Anzumerken ist jedoch, dass Sozialkapital
in Form von Kontakten über OpenBC auch durch Kommunikation
über private Mitteilungen und über die Diskussionsforen entstehen
kann, es muss nicht notwendigerweise ein „Kontakt" wie oben beschrieben eingetragen werden.

Frage	Mittelwert	Median
Anzahl Kontakte	14,1	8,5
Davon geschäftlich relevant	5,4	2,0
Davon über OpenBC hergestellt	2,9	1,0
Davon schon vorher bestehende Kontakte	10,4	4,5
Davon verloren gegangene und erst durch OpenBC wieder gefundene Kontakte	2,4	0,0
Von den über OpenBC hergestellten Kontakten mittlerweile persönlich getroffen oder telefoniert	2,9	0,0

Tabelle 13: Struktur der Kontakte

Die Tabelle zeigt deutliche Unterschiede zwischen Mittelwert
und Median. Diese Unterschiede weisen, wie in Kapitel 4.2.3 erklärt,
auf die Schiefe der Verteilung hin. Das heißt, dass es einzelne Spit-

zenwerte gibt, die den (arithmetischen) Mittelwert stark beeinflussen. Da der arithmetische Mittelwert größer ist als der Median, sind die unteren Klassen stärker besetzt. Das bedeutet, es gibt viele nicht so erfolgreiche und wenige besonders erfolgreiche Nutzer.

Die wesentlichen Erkenntnisse sind:

a. Von durchschnittlich 8,5 (Median) nach 3 Monaten OpenBC-Nutzung hergestellten Kontakten, sind weniger als 23 Prozent geschäftlich relevant, der Rest sind somit private Kontakte.

b. Von diesen 8,5 Kontakten wurde nur 1 Kontakt neu über OpenBC hergestellt (11,8 %), alle restlichen sind schon vorher bestehende bzw. wieder entdeckte Kontakte.

c. Der starke Unterschied zwischen Mittelwerten und Median belegt die Existenz von Ausreißern. Da im Mittelwert über 38 % der Kontakte geschäftlich relevant sind und über 20 % neu hergestellt wurden, handelt es sich bei diesen Ausreißern um vergleichsweise erfolgreiche[235] Nutzer der Plattform.

Ehemalige Schulkollegen und ehemalige Arbeitskollegen

Die Befragten haben innerhalb von 3 Monaten durchschnittlich 1,6 ehemalige Schulkollegen und 2,3 ehemalige Arbeitskollegen wieder gefunden. Auch diese Werte basieren auf Berechnung des Mittelwerts, der Median ist für beide Fälle 0. Diese in absoluten Zahlen niedrig wirkenden Werte betragen immerhin 12 Prozent bzw. 16 Prozent der Gesamtkontakte.

Die folgende Abbildung zeigt den Erfüllungsgrad der Erwartungen hinsichtlich der Reaktivierung dieser Altkontakte. Für 42,3 Prozent ist die Reaktivierung solcher verlorenen Kontakte nicht relevant. Das, obwohl diese Kontakte einen wesentlichen Vorteil hätten: Durch das persönliche Kennen lernen dieser Personen in der

---

[235] Erfolgreich hinsichtlich dem neu geschaffenen Sozialkapital. Die Analyse des ökonomischen Erfolgs bzw. dessen Zusammenhang mit der Anzahl der Kontakte erfolgt erst im Kapitel 4.2.3

Vergangenheit besteht bereits Wissen um Reputation und Vertrauenswürdigkeit dieser Personen, was den Wert dieser Kontakte erhöht.[236]

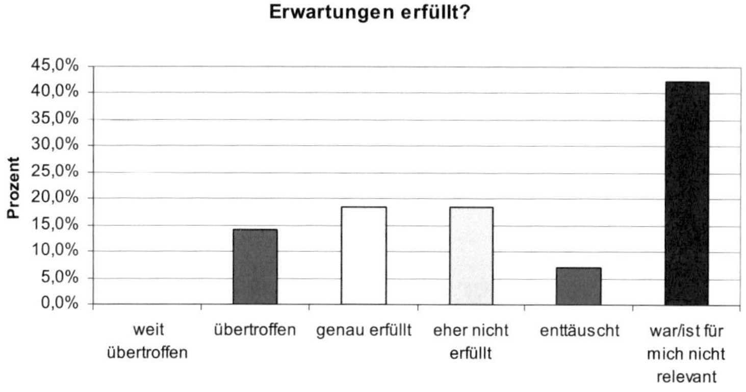

Erwartungen erfüllt?

Abbildung 27: Reaktivierung Altkontakte - Erwartungen erfüllt?

4.2.4.3 Erfolge gegliedert nach Aufgaben im Unternehmen

Erfolg im Sinne dieser Untersuchung besteht aus folgenden Komponenten bzw. Zielen:

a.   **gewonnenes Sozialkapital**

Dazu zählen die durch OpenBC neu entstandenen Kontakte, die wieder entdeckten Kontakte, aber auch die über OpenBC gepflegten bereits bestehenden Kontakte.

b.   **gewonnenes ökonomisches Kapital bzw. ökonomisch relevante potenzielle und tatsächliche Transaktionen**

Dazu zählt fachliche Unterstützung (Austausch von Fachwissen) und Anregungen für Geschäftsideen, Jobangebote bzw. tatsächlich angenommene Jobs, potenzielle Kunden/Auftraggeber und tatsächliche Verkäufe, potenzielle Lie-

---

[236] Siehe dazu Kapitel 3.5

feranten und tatsächliche Käufe, potenzielle Kooperationspartner und tatsächlich zustande gekommene Kooperationen,
Bewerber und tatsächlich durchgeführte Besetzungen.

Insbesondere die angeführten ökonomischen Ziele gelten
nicht in ihrer Gesamtheit für alle Akteure. Daher ist es notwendig, die jeweiligen Teilziele (zum Beispiel Verkäufe) nach Personen mit den entsprechenden Aufgabengebieten im Unternehmen
(in diesem Fall Vertriebspersonen) gesondert auszuwerten.

Unternehmensführung

	Gesamt		UF/Leitung		Differenz	
	MW	Median	MW	Median	MW	Median
Kontakte insgesamt	14,06	8,50	13,00	5,0	-1,06	-3,50
Davon geschäftlich relevant	5,35	2,00	7,48	3,0	2,13	1,00
Davon neu hergestellt	2,89	1,00	2,04	0,0	-0,85	-1,00
Davon zuvor beste-hend	10,36	4,50	10,58	4,0	0,22	-0,50
Davon verloren ge-gangene Altkontakte	2,44	0,00	1,92	0,0	-0,52	1,00
Persönlich getroffen oder telefoniert	2,86	0,00	0,58	0,0	-2,28	0,00
Kontakte mit ähnli-chen fachl. Interessen	6,93	1,00	1,83	0,5	-5,09	-0,50
Fachwissen weiterge-geben	0,36	0,00	0,38	0,0	0,02	0,00
Fachwissen erhalten	2,33	0,00	0,36	0,0	-1,97	0,00
Anregungen für Ge-schäftsideen	0,74	0,00	0,24	0,0	-0,50	0,00
Jobangebote	0,17	0,00	0,08	0,0	-0,08	0,00
Neue Jobs	0,10	0,00	0,01	0,0	0,00	0,00

Potenzielle Kun-den/Auftraggeber	0,97	0,00	0,29	0,0	-0,68	0,00
Tatsächliche Verkäufe	0,14	0,00	0,00	0,0	-0,14	0,00
Potenzielle Lieferanten	0,16	0,00	0,08	0,0	-0,08	0,00
Tatsächliche Käufe	0,03	0,00	0,00	0,0	-0,03	0,00
Potenzielle Kooperationspartner	1,29	0,00	0,61	0,0	-0,68	0,00
Tatsächliche Kooperationen	0,18	0,00	0,00	0,0	-0,18	0,00
Potenzielle Bewerber	3,92	0,00	0,00	0,0	0,00	0,00
Tatsächliche Besetzungen	0,03	0,00	0,00	0,0	0,00	0,00

Tabelle 14: Erfolg im Aufgabenbereich Unternehmensführung

Sozialkapital: Die Darstellung zeigt, dass Personen mit Unternehmensführungs-Aufgaben zwar weniger Kontakte insgesamt haben, aber weit mehr geschäftlich relevante als der Durchschnitt. Dagegen ist die Zahl der neu hergestellten Kontakte allerdings vergleichsweise niedrig. Es finden auch seltener persönliche Treffen oder Telefonate statt, um den Kontakt zu vertiefen.

Ökonomische Erfolge: Führungspersonen finden oder suchen weit weniger Kontakte zu Personen mit ähnlichen fachlichen Interessen, wobei dies noch das Teilziel mit dem höchsten Erfolgswert ist. Alle anderen Werte sind so niedrig, dass hier nicht von Erfolgen gesprochen werden kann.

Vertrieb

	Gesamt		Vertrieb		Differenz	
	MW	Median	MW	Median	MW	Median
Kontakte insgesamt	14,06	8,50	17,36	10,0	3,30	1,5
Davon geschäftlich relevant	5,35	2,00	9,14	3,0	3,79	1,0
Davon neu hergestellt	2,89	1,00	3,57	3,0	0,68	2,0

Davon zuvor bestehend	10,36	4,50	14,62	5,0	4,26	0,5
Davon verloren gegangene Altkontakte	2,44	0,00	3,31	2,0	0,86	3,0
Persönlich getroffen oder telefoniert	2,86	0,00	2,00	1,0	-0,86	1,0
Kontakte mit ähnlichen fachl. Interessen	6,93	1,00	5,07	1,0	-1,86	0,0
Fachwissen weitergeben	0,36	0,00	0,42	0,0	0,06	0,0
Fachwissen erhalten	2,33	0,00	1,08	0,0	-1,25	0,0
Anregungen für Geschäftsideen	0,74	0,00	1,08	0,0	0,35	0,0
Jobangebote	0,17	0,00	0,25	0,0	0,08	0,0
Neue Jobs	0,01	0,00	0,07	0,0	0,06	0,0
Potenzielle Kunden/Auftraggeber	0,97	0,00	0,92	0,4	-0,05	0,4
Tatsächliche Verkäufe	0,14	0,00	0,36	0,0	0,23	0,0

Tabelle 15: Erfolg im Aufgabenbereich Vertrieb

Sozialkapital: Im Vergleich zum Durchschnitt der Befragten haben die Vertriebspersonen deutlich mehr Kontakte (sowohl Mittelwert als auch Median höher). Der Vorsprung bei der geschäftlichen Relevanz ist überproportional groß. Interessant ist die Zahl der persönlich getroffenen oder telefonisch kontaktierten Personen: Während der Mittelwert im Vergleich zum Durchschnitt niedriger ist, ist der Median höher. Daraus lässt sich schließen, dass Vertriebspersonen generell häufiger persönlichen Kontakt suchen, aber es keine Ausreißer gibt, die dies exzessiv betreiben. Es dürfte sich hier um gezielte vertiefte Kontakte handeln, bei denen Aussicht auf ein Geschäft besteht.

Ökonomische Erfolge: Es werden weniger Kontakte zu fachlich ähnlich positionierten Akteuren gesucht. Auch die Suche bzw.

der Erhalt von Fachwissen ist unterdurchschnittlich, während das Erteilen von Fachwissen im Durchschnitt liegt. Mit durchschnittlich 0,36 Verkäufen (Mittelwert), die innerhalb von 3 Monaten über die Plattform angebahnt wurden, liegt man zwar weit besser als der Durchschnitt, doch respektabel ist dieser Wert absolut nicht.

Personalsuche

	Gesamt		Personal		Differenz	
	MW	Median	MW	Median	MW	Median
Kontakte insgesamt	14,06	8,5	8,00	7,5	-6,06	-1,0
Davon geschäftlich relevant	5,35	2,0	5,13	4,5	-0,23	2,5
Davon neu hergestellt	2,89	1,0	3,00	2,5	0,11	1,5
Davon zuvor bestehend	10,36	4,5	4,00	4,0	-6,36	-0,5
Davon verloren gegangene Altkontakte	2,44	0,0	1,88	1,0	-0,57	2,0
Persönlich getroffen oder telefoniert	2,86	0,0	4,88	2,0	2,02	2,0
Kontakte mit ähnlichen fachl. Interessen	6,93	1,0	10,50	2,5	3,57	1,5
Fachwissen weitergegeben	0,36	0,0	0,38	0,0	0,02	0,0
Fachwissen erhalten	2,33	0,0	3,50	0,5	1,17	0,5
Anregungen für Geschäftsideen	0,74	0,0	3,13	0,0	2,39	0,0
Jobangebote	0,17	0,0	0,08	0,0	-0,08	0,0
Neue Jobs	0,01	0,0	0,13	0,0	0,11	0,0
Potenzielle Kooperationspartner	1,29	0,0	7,14	2,0	5,85	2,0
Tatsächliche Kooperationen	0,18	0,0	0,38	0,0	0,19	0,0
Potenzielle Bewerber	3,92	0,0	35,71	0,0	31,79	0,0
Tatsächliche Besetzungen	0,03	0,0	0,25	0,0	0,22	0,0

Tabelle 16: Erfolg im Aufgabengebiet Personalsuche

Sozialkapital: Bei der Analyse der Rekruter (Aufgabengebiet Personalsuche) zeigt sich auch ein Defizit in den geschlossenen Kontakten (Mittelwert: minus 6 Kontakte, Median: minus 1 Kontakt). Die geschäftlich relevanten Kontakte sind aber nicht unterdurchschnittlich ausgeprägt, im Gegenteil: Der Median ist mit 4,5 sogar wesentlich höher als beim Durchschnitt (2,0). Die Akteure mit Recuritingaufgaben knüpfen im Vergleich weit mehr neue Kontakte (3,0 statt 2,9 im Mittelwert, 2.5 statt 1,0 im Median). Offensichtlich wird OpenBC tatsächlich zur Bewerbersuche, also zur Suche neuer Kandidaten genutzt. Interessant ist auch die Zahl der Kontakte, mit denen man sich persönlich getroffen oder telefoniert hat: 4,88 statt 2,86 Kontakte im Mittelwert, auch der Median steigt von 0 auf 2. Dies ist wohl auf den Umstand zurück zu führen, dass bei der Bewerbersuche persönlicher Kontakt der nächste logische Schritt nach der Identifikation von Zielpersonen ist.

Ökonomische Erfolge: Mit Personalsuche beschäftigte Personen knüpfen mehr Kontakte zu Personen mit ähnlichen fachlichen Interessen und holen sich so auch mehr Expertenwisssen. Es zeigt sich auch eine erhöhte Zahl an Anregungen für Geschäftsideen. Die Rekruter finden weit mehr potenzielle Kooperationspartner und gehen auch doppelt so viele Kooperationen ein wie der Durschnitt. Die große Zahl an potenziellen Bewerbern zeigt, dass OpenBC als Tool des E-Recruitings sehr nützlich sein kann. Da der Median aber keinen Anstieg zeigt, nutzt offensichtlich nur eine Minderheit unter den in OpenBC vertretenen Rekrutern diese Möglichkeit auch aus, was sich für diese dann auch in der Zahl der tatsächlichen Besetzungen niederschlägt: Im Mittelwert 0,25 Besetzungen in 3 Monaten. Die Ausreißer haben verhältnismäßig höher profitiert als die Mehrzahl, die den Median auf 0 drückt.

Einkauf

	Gesamt		Einkauf		Differenz	
	MW	Median	MW	Median	MW	Median
Kontakte insgesamt	14,06	8,50	4,33	4,0	-9,72	-4,5

Davon geschäftlich relevant	5,35	2,00	2,00	2,0	-3,35	0,0
Davon neu hergestellt	2,89	1,00	1,50	0,5	-1,39	-0,5
Davon zuvor be-ste-hend	10,36	4,50	2,60	3,0	-7,76	-1,5
Davon verloren ge-gangene Altkontakte	2,44	0,00	0,67	0,0	-1,78	0,0
Persönlich getroffen oder telefoniert	2,86	0,00	0,83	0,0	-2,02	0,0
Kontakte mit ähnli-chen fachl. Interessen	6,93	1,00	0,50	0,0	-6,43	-1,0
Fachwissen weiterge-geben	0,36	0,00	0,33	0,0	-0,02	0,0
Fachwissen erhalten	2,33	0,00	0,17	0,0	-2,16	0,0
Anregungen für Ge-schäftsideen	0,74	0,00	0,33	0,0	-0,40	0,0
Jobangebote	0,17	0,00	0,00	0,0	-0,17	0,0
Neue Jobs	0,01	0,00	0,00	0,0	-0,01	0,0
Potenzielle Lieferan-ten	0,16	0,00	0,00	0,0	-0,16	0,0
Tatsächliche Käufe	0,03	0,00	0,00	0,0	-0,03	0,0
Potenzielle Koopera-tionspartner	1,29	0,00	0,40	0,0	-0,89	0,0
Tatsächliche Koope-rationen	0,18	0,00	0,33	0,0	0,15	0,0

Tabelle 17: Erfolg im Aufgabengebiet Einkauf

Sozialkapital: Einkäufer schöpfen in allen Belangen weniger Sozialkapital aus der OpenBC-Plattform als der Durchschnitt. Sie knüpfen überhaupt nur 4,3 Kontakte im Vergleich zu 14,1 Kontakte, die der Durchschnitt aller Befragten geknüpft hat. Auch alle anderen Teilaspekte der Kontakte sind unterdurchschnittlich ausgeprägt.

Ökonomische Erfolge: Die Einkäufer stellen durchschnittlich nur 0,5 Kontakte zu Personen mit ähnlichen fachlichen Interessen her (Durchschnitt aller Benutzer: 6,9 Kontakte). Sie erhalten in der Folge auch kaum fachlichen Rat, während sie selbst aber nicht weniger oft um Rat gefragt werden als der Durchschnitt. Sie generieren kaum Anregungen für Geschäftsideen. In keinem einzigen Fall gab es ein Jobangebot. Und das Wesentliche: In keinem Fall gibt es einen gefundenen potenziellen Lieferanten, obwohl die Plattform genügend Vertriebspersonen bietet, mit denen man in Kontakt treten könnte. Aus diesen Zahlen kann man schließen, dass Einkäufer in der OpenBC-Plattform noch keinen Nutzen für sich entdeckt haben, sie wird nicht zur Lieferantensuche eingesetzt.

Projektleitung

	Gesamt		Projektleitung		Differenz	
	MW	Median	MW	Median	MW	Median
Kontakte insgesamt	14,06	8,50	15,41	6,0	1,35	-2,5
Davon geschäftlich relevant	5,35	2,00	7,77	3,5	2,42	1,5
Davon neu hergestellt	2,89	1,00	2,04	0,0	-0,85	-1,0
Davon zuvor bestehend	10,36	4,50	14,00	6,0	3,64	1,5
Davon verloren gegangene Altkontakte	2,44	0,00	3,23	0,0	0,79	0,0
Persönlich getroffen oder telefoniert	2,86	0,00	2,04	0,0	-0,82	0,0
Kontakte mit ähnlichen fachl. Interessen	6,93	1,00	7,69	1,5	0,77	0,5
Fachwissen weitergegeben	0,36	0,00	0,23	0,0	-0,13	0,0
Fachwissen erhalten	2,33	0,00	4,38	0,0	2,06	0,0
Anregungen für Geschäftsideen	0,74	0,00	0,56	0,0	-0,18	0,0

Jobangebote	0,17	0,00	0,22	0,0	0,06	0,0
Neue Jobs	0,01	0,00	0,04	0,0	0,02	0,0
Potenzielle Lieferanten	0,16	0,00	0,9	0,0	0,72	0,0
Tatsächliche Käufe	0,03	0,00	0,2	0,0	0,21	0,0
Potenzielle Kooperationspartner	1,29	0,00	0,89	0,0	-0,40	0,0
Tatsächliche Kooperationen	0,18	0,00	0,24	0,0	0,06	0,0
Potenzielle Bewerber	3,92	0,00	0,12	0,0	-3,80	0,0
Tatsächliche Besetzungen	0,03	0,00	0,00	0,0	-0,03	0,0

Tabelle 18: Erfolg im Aufgabengebiet Projektleitung

Sozialkapital: Die Analyse der Kontakte zeigt bei den Projektleitern einen leicht höheren Mittelwert, aber einen deutlich niedrigeren Median. Daraus kann geschlossen werden, dass abgesehen von einigen Ausreißern insgesamt weniger Kontakte geschlossen wurden, als im Vergleich zur Gesamtzahl aller Befragten. Außerdem zeigt sich deutlich, dass diese geknüpften Kontakte überproportional oft schon vorher vorhanden waren.

Ökonomische Erfolge: Projektleiter haben mehr fachliche Kontakte geknüpft und weit mehr Fachwissen erhalten als der Durchschnitt. Sie suchen bzw. finden auch wesentlich mehr potenzielle Lieferanten, was sich auch in tatsächlichen Käufen niederschlägt. Dies ist insofern besonders bemerkenswert, als die deklarierten Einkäufer die Plattform überhaupt nicht zur Suche von Lieferanten nutzen. Da der Median allerdings auch hier bei 0 liegt, handelt es sich auch dabei nur um Ausreißer. Zwar finden Projektleiter weniger potenzielle Kooperationspartner, das hemmt ihre Erfolgsquote aber nicht: Die eingegangen Kooperationen liegen im Durchschnitt. In der Bewerbersuche sind die Projektleiter angesichts der Zahlen weitgehend inaktiv und ohne Erfolg.

Entwicklung / Forschung

	Gesamt		Entwicklung, Forschung		Differenz	
	MW	Median	MW	Median	MW	Median
Kontakte insgesamt	14,06	8,50	12,85	7,0	-1,21	-1,5
Davon geschäftlich relevant	5,35	2,00	4,85	1,0	-0,51	-1,0
Davon neu hergestellt	2,89	1,00	2,23	0,0	-0,66	-1,0
Davon zuvor bestehend	10,36	4,50	9,92	2,0	-0,43	-2,5
Davon verloren gegangene Altkontakte	2,44	0,00	2,85	1,0	0,40	1,0
Persönlich getroffen oder telefoniert	2,86	0,00	2,62	0,0	-0,24	0,0
Kontakte mit ähnlichen fachl. Interessen	6,93	1,00	2,58	1,5	-4,34	0,5
Fachwissen weitergegeben	0,36	0,00	0,58	0,0	0,23	0,0
Fachwissen erhalten	2,33	0,00	1,00	0,0	-1,33	0,0
Anregungen für Geschäftsideen	0,74	0,00	1,00	0,0	0,26	0,0
Jobangebote	0,17	0,00	0,33	0,0	0,17	0,0
Neue Jobs	0,01	0,00	0,08	0,0	0,06	0,0

Tabelle 19: Erfolg im Aufgabengebiet F&E

Sozialkapital: Forscher und Entwickler haben insgesamt etwas weniger Kontakte als der Durchschnitt. In der Struktur der Kontakte (geschäftliche Relevant, Alt- zu Neukontakt etc.) zeigen sich jedoch keine überproportionalen Differenzen.

Ökonomische Erfolge: Interessant bei den fachlichen Kontakten die deutlich geringere Kontaktzahl im Mittelwert bei höherer

Kontaktzahl im Median. Auch hier gibt es offensichtlich weniger Ausreißer, die überproportional aktiv sind, dafür aber eine breite Basis, die in diesem Bereich aktiver agiert als der Durchschnitt. Die Forscher und Entwickler sind als Experten gefragt, sie geben überdurchschnittlich oft Fachwissen weiter, während sie selbst weniger aktiv in der Suche nach fachlichem Rat sind. Sie bekommen aber auch klar häufiger Jobangebote als der Durchschnitt.

4.2.4.4 Analyse der Faktoren, die den Erfolg beeinflussen

Foto

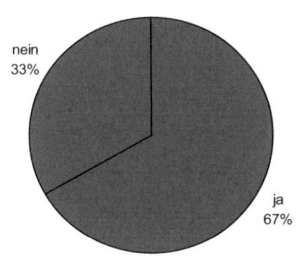

Abbildung 28: Anteil der Benutzer mit einem Foto im Profil

Die Analyse des Vorhandenseins eines Fotos im Profil der Benutzer als Einflussfaktor auf den Erfolg im Umgang mit OpenBC bringt folgende Ergebnisse:

Auswirkungen auf die Kontakte (bzw. das Sozialkapital):
a.   Personen mit einem Foto im Profil haben 31,5 % mehr Kontakte (Mittelwert, der Median steigt von 8,5 auf 12).

Auswirkungen auf den ökonomischen Erfolg:

b.   Es zeigen sich keine signifikanten Auswirkungen von Fotos auf den Erfolg (zur Definition von „Erfolg": Siehe Kapitel 4.2.3.3)

Rückschlüsse auf Aktivität und Attraktivität:

c.   Das Vorhandensein eines Fotos sagt nichts über den Grad der Aktivität aus. Die Annahme, dass Akteure mit Fotos aktiver in der Plattform engagiert sind, ist somit hinfällig.

d.   OpenBC-Einladungen werden von Bekannten nicht öfter angenommen, weil der einladende ein Foto online hat. Es hat keine signifikanten Auswirkungen auf den Erfolg von Einladungen.

e.   Profile mit Foto werden 13,55 % häufiger angeklickt. Das heißt, bei der Suche nach Kontakten machen Profile mit Fotos neugieriger als solche ohne Fotos.

Aufschlüsse über geschlechts-spezifische Unterschiede:

f.   Es gibt keinen Unterschied zwischen den Geschlechtern bei der Bereitschaft, ein Foto online zu stellen.

Unterschiede nach Aufgaben im Unternehmen:

g.   Projektleiter haben 11 % häufiger ein Foto im Profil als der Durchschnitt.

h.   Entwickler, Forscher haben 19 % seltener ein Foto im Profil als der Durchschnitt.

i.   Nicht-Berufstätige haben 12,5 % häufiger ein Foto im Profil als der Durchschnitt.

Mitgliedsart

Welche Mitgliedschaft haben Sie derzeit?

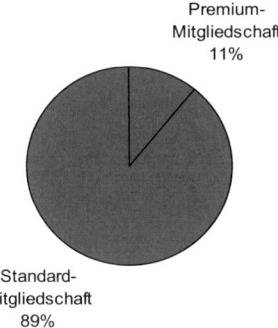

Premium-
Mitgliedschaft
11%

Standard-
Mitgliedschaft
89%

Abbildung 29: Premium- oder Standard-Mitgliedschaft

Die Premium-Mitgliedschaft bietet den OpenBC-Benutzern eine Vielzahl an Möglichkeiten, die den kostenlosen Standard-Mitgliedern nicht zur Verfügung stehen. Wie sich dieser Vorteil auswirkt, zeigt die Analyse:

Auswirkungen auf die Kontakte (bzw. das Sozialkapital):

a.   Personen mit Premium-Mitgliedschaft haben 27,17 % mehr Kontakte (Mittelwert; der Median steigt von 8,5 auf 14)

b.   Premium-Nutzer haben im Mittelwert um 73 % mehr geschäftlich relevante Kontakte als der Durchschnitt, der Median steigt von 2 auf 6,5.

c.   Die Premium-Nutzer haben im Mittelwert um 82 % mehr über OpenBC neu gefundene Kontakte, der Median steigt von 1 auf 2,5.

d.   Die Anzahl der Kontakte zu bereits vorher bestehenden Bekannten steigt durch die Premium-Mitgliedschaft unmerklich.

Auswirkungen auf den ökonomischen Erfolg:

e.   Die zahlenden Nutzer finden fast doppelt so viele Personen mit ähnlichen fachlichen Interessen (+96%). Der Median steigt von 1 auf 4.

f.   Premium-Mitglieder geben 20% weniger mit fachlichen Hilfestellungen (Ursache?)

g.   Den Premium-Mitgliedern wird 60% öfter mit fachlichem Rat geholfen. Die Ursache ist in der Möglichkeit von „Private Messages", die den Standard-Mitgliedern nicht zur Verfügung steht, zu finden.

h.   Premium-Mitglieder erhalten mehr Anregungen für Geschäftsideen.

i.   Es gibt keine signifikante Auswirkung der Premium-Mitgliedschaft auf den Erfolg bei Geschäftstransaktionen, Jobsuche und Kooperationen.

Rückschlüsse auf Aktivität und Attraktivität:

j.   Die zahlenden Mitglieder wenden nicht mehr Zeit für das Online-Networking auf, sie nutzen die Plattform aber öfter (gemäß Median: 1 mal pro Woche statt wie der Durchschnitt alle 2 Wochen).

k.   Premium-Mitglieder laden 37 Prozent mehr (Mittelwert 4,9 statt 3,5. Median 2,0 statt 1,0) Bekannte in die OpenBC-Plattform ein.

Aufschlüsse über geschlechts-spezifische Unterschiede:

l.   Es gibt keine Differenzen zwischen den Geschlechtern.

Unterschiede nach Aufgaben im Unternehmen:

m.   Führungspersonen haben überdurchschnittlich oft eine Premium-Mitgliedschaft.

n.   Personalisten sind überdurchschnittlich oft Premium-Mitglieder.

Profilabrufe

Abbildung 30: Profilabrufe

Der Benutzer mit den meisten Abrufen seines Profils: **1.724**

Der Benutzer mit den wenigsten Abrufen seines Profils: **0**

Der Durchschnittswert: **165,5** (Mittelwert) bzw. **60** (Median)

Die Analyse der Profilabrufe soll einerseits zeigen, in wie weit sich hohe Abrufraten und die damit verbundene hohe Präsenz des Akteurs im System auszahlt und andererseits damit auch klären, ob Aktivitäten zur Erhöhung der Abrufzahl (erhöhte Forenbeteiligung, erhöhte Herstellung von Kontaktbeziehungen usw.) sinnvoll sind.

Auswirkungen auf die Kontakte (bzw. das Sozialkapital):

a.   Personen mit mehr als 100 Profilabrufen haben 71 % mehr Kontakte (Mittelwert; der Median steigt von 8,5 auf 15).

b.   Sie haben im Mittelwert um 95 % mehr geschäftlich relevante Kontakte als der Durchschnitt, der Median steigt von 2 auf 5.

c.   Diese Personen verfügen über 59 % mehr hergestellter Kontakte (die Zahl hinkt damit dem Plus von 71 % mehr Kontakten gesamt etwas nach), der Median steigt jedoch von 1 auf 3 und damit mehr als durch eine Premium-Mitgliedschaft erreicht wird.

d.   Personen mit mehr als 100 Profilabrufen haben im Mittelwert doppelt so viele durch OpenBC wieder gefundene

Kontakte wie der Durchschnitt. Der Median steigt von 0 auf 2 (Ursache: Gefunden-Werden).

     e.   Die Personen mit mehr als 100 Profilabrufen haben 16 % weniger Kontakte persönlich getroffen oder mit ihnen telefoniert, als der Durchschnitt. Der Median steigt aber von 0 auf 2. Interpretation??

Auswirkungen auf den ökonomischen Erfolg:

     f.   Diese Personen werden wesentlich häufiger um fachlichen Rat gefragt.

     g.   Sie bitten auch selbst wesentlich häufiger um fachliche Unterstützung.

     h.   Die Personen mit mehr als 100 Profilabrufen finden um 129 % mehr Kontakte, die für die eigene Karriere förderlich sein könnten. Der Median steigt von 0 auf 1.

     i.   Diese Personen erhalten um 100% mehr Jobangebote, tatsächlich angenommene Jobs: gleich bleibend.

     j.   Sie finden um 130 % mehr potenzielle Kunden, was 30% mehr tatsächliche Transaktionen bewirkt.

     k.   Sie finden um 93 % mehr potenzielle Lieferanten, die entstandenen tatsächlichen Lieferantenbeziehungen sind gleich bleibend.

     l.   Personen mit mehr als 100 Profilabrufen gehen 146 % mehr Kooperationen ein - bei gleich vielen potenziellen Kooperationspartnern.

Rückschlüsse auf Aktivität und Attraktivität:

     m.   Personen mit mehr als 100 Profilabrufen laden 50% mehr Bekannte in die OpenBC-Plattform ein, sie sind damit auch 38,39 % erfolgreicher als der Durchschnitt.

     n.   Die Verwendung der OpenBC-Diskussionsforen kommt als wesentliche Ursache erhöhter Abrufraten nicht in Frage (+9% ist unwesentlich).

Aufschlüsse über geschlechts-spezifische Unterschiede:

o.   Es gibt keine Unterschiede zwischen Männer und Frauen – die Profile beider Geschlechter werden durchschnittlich gleich häufig abgerufen.

Unterschiede nach Aufgaben im Unternehmen:

p.   Rekruter haben 18 % weniger Abrufe als der Durchschnitt (Ursache: Gezieltere Suche, erzeugen dadurch weniger Präsenz)

q.   Forscher und Entwickler haben 24,5 % weniger Abrufe als der Durchschnitt

r.   Nicht-Berufstätige haben 18 % weniger Abrufe als der Durchschnitt

Aktivität

Wie oft benutzen Sie OpenBC derzeit?

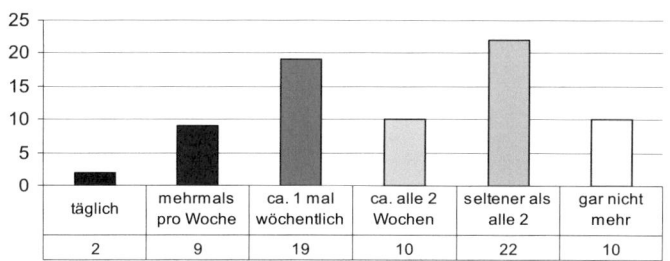

täglich	mehrmals pro Woche	ca. 1 mal wöchentlich	ca. alle 2 Wochen	seltener als alle 2	gar nicht mehr
2	9	19	10	22	10

Abbildung 31: Nutzungshäufigkeit von OpenBC

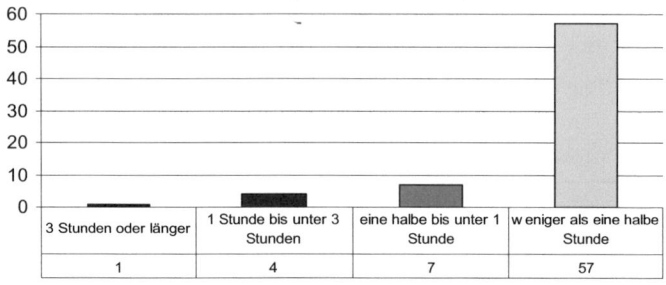

Abbildung 32: Nutzungsintensität von OpenBC

Definition aktiver Personen für die folgende Analyse: Sie benutzen OpenBC zumindest mehrmals pro Woche oder sie verwenden pro Woche durchschnittlich mindestens 1 Stunde für die OpenBC-Nutzung.

Die Analyse soll nun zeigen, in wie weit sich ein höheres Maß an Aktivität (häufigere Besuche oder längere Sitzungsdauer) auf den Erfolg der OpenBC-Nutzung auswirkt:

Auswirkungen auf die Kontakte (bzw. das Sozialkapital):

a. Aktive Personen haben 59 % mehr Kontakte (Mittelwert. Der Median steigt von 8,5 auf 14)

b. Sie haben im Mittelwert um 102,5 % mehr geschäftlich relevante Kontakte als der Durchschnitt, der Median steigt von 2 auf 5 (Rekord).

c. Die aktiven Benutzer haben 77 % mehr hergestellte Kontakte (noch höher als Gesamtkontakte-Zuwachs), der Median steigt von 1 auf 3.

d. Die durch OpenBC wiedergefundenen Kontakte steigen um 62% gegenüber dem Durchschnitt. Der Median bleibt jedoch gleich.

e.   Online aktive Personen sind auch offline aktiver: Plus 42 % persönliche Treffen oder Telefonate gegenüber dem Durchschnitt. Der Median steigt von 0 auf 1.

Auswirkungen auf den ökonomischen Erfolg:

f.   Es werden 132 % mehr Personen mit ähnlichen fachlichen Interessen gefunden: 16 statt 7. Der Median steigt von 1 auf 2.

g.   Aktive Personen bekommen 210% mehr Anregungen für Geschäftsideen: 2,3 statt 0,7.

h.   Diese Personen finden um 189 % mehr Kontakte, die für die eigene Karriere förderlich sein könnten: 6,8 statt 2,3. Der Median steigt von 0 auf 2.

i.   Sie erhalten um 182 % mehr Jobangebote (0,5 statt 0,2), tatsächlich angenommene Jobs sind gleich bleibend.

j.   Diese Akteure finden um 186 % mehr potenzielle Kunden (2,8 statt 1), was in 220% mehr tatsächlichen Transaktionen muendet (0,4 statt 0,1).

k.   Sie finden um 93 % mehr potenzielle Lieferanten, tatsächliche Lieferantenbeziehungen sind jedoch gleich bleibend.

l.   Sie finden um 184 % mehr potenzielle Kooperationspartner (3,7 statt 1,3). Tatsächliche Kooperationen: Plus 171% (0,5 statt 0,2).

Rückschlüsse auf Aktivität und Attraktivität:

m.   Premium-Mitglieder sind aktiver als der Durchschnitt: Sie wenden zwar in Summe nur geringfügig mehr Zeit pro Woche für das Online-Networking auf, benutzen die Plattform dafür aber weit häufiger.

n.   Aktive Mitglieder haben etwas häufiger ein Foto im Profil

o.   Aktive Mitglieder laden auch 57 % häufiger Bekannte in die Plattform ein und sind damit 28% erfolgreicher als der Durchschnitt

p.   Aktive Benutzer haben 124 % mehr Profilabrufe als wenig aktive. Der Median steigt von 60 auf 178 Profilabrufe nach 3 Monaten

Aufschlüsse über geschlechts-spezifische Unterschiede:

q.   Männer sind etwas aktiver als Frauen (sowohl bei der eingesetzten Zeit als auch in der Nutzungshäufigkeit).

Unterschiede nach Aufgaben im Unternehmen:

r.   Personalisten/Rekruter sind 35% aktiver als der Durchschnitt.

s.   Einkäufer sind 40% weniger aktiv als der Durchschnitt.

t.   Forscher/Entwickler sind 72 Prozent weniger aktiv als der Durchschnitt.

u.   Nicht berufstätige sind 80% aktiver als der Durchschnitt.

Geschlecht

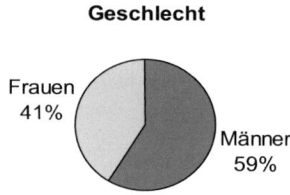

Abbildung 33: Geschlecht der Befragten

Diese Analyse soll zeigen, ob es geschlechtsspezifische Unterschiede im Online Networking - Verhalten gibt bzw. ob diese signifikant sind:

Auswirkungen auf die Kontakte (bzw. das Sozialkapital):

a. Frauen haben 20 % weniger Kontakte als Männer (11,2 statt 14,1). Der Median sinkt von 8,5 auf 8.

b. Frauen haben sogar 51% weniger geschäftlich relevante Kontakte (2,6 statt 5,4). Der Median sinkt von 2 auf 1,5.

c. Sie haben jedoch 46% mehr über OpenBC neu hergestellte Kontakte (4,2 statt 2,9). Der Median steigt von 1 auf 3. (Ursache> Das könnte für professionelleres Networking sprechen)

d. Frauen suchen jedoch weit seltener persönliche Telefonate oder Treffen (minus 29 Prozent, 2 statt 2,9 mal).

Auswirkungen auf den ökonomischen Erfolg:

e. Frauen helfen öfter mit fachlichem Rat weiter, als sie diesen in Anspruch nehmen. Im Vergleich zu Männern helfen Sie überdurchschnittlich oft und fragen überdurchschnittlich selten um Rat.

f. Frauen finden um 14,3 % mehr Personen, die für ihre Karriere behilflich sein können (2,7 statt 2,3)

g. Sie erhalten um 11 % mehr Jobangebote (nicht signifikant!), tatsächlich angenommene Jobs: gleich bleibend

h. Sie finden um 52 % weniger potenzielle Kunden (0,5 statt 1), sie sind aber 87% erfolgreicher im Abschluss (0,3 statt 0,1)

i. Sie finden um 52 % mehr potenzielle Lieferanten, tatsächliche Lieferantenbeziehungen: gleich bleibend

j. Frauen finden um 20 % weniger potenzielle Kooperationspartner (1 statt 1,3). Tatsächliche Kooperationen: gleich bleibend

Rückschlüsse auf Aktivität und Attraktivität:

k. Frauen laden 62 % weniger Bekannte in die Plattform ein und haben damit auch 74 % weniger Erfolg als Männer.

l. Profile von Frauen werden exakt gleich häufig angesehen wie jene von Männern.

Unterschiede nach Aufgaben im Unternehmen:

m. Unter den Personen mit Unternehmensführungs-Aufgaben sind 35,6 % weniger Frauen

n. Unter den Personen mit Vertriebs-Aufgaben sind 29,1 % weniger Frauen

o. Unter den Personen mit Rekruting-Aufgaben sind 24,1 % mehr Frauen

p. Unter den Personen mit Einkauf-Aufgaben sind 24,1 % mehr Frauen

q. Unter den Personen mit Projektleitungs-Aufgaben sind 35,6 % weniger Frauen

r. Es sind 24,1 % mehr beschäftigungslose Frauen als Männer im OpenBC-System

Diskussionsforen

Nutzen Sie die Diskussionsforen?

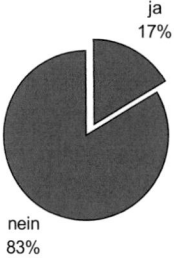

Abbildung 34: Diskussionsforen-Nutzung

OpenBC bietet über 1.000 Diskussionsforen[237] in mehreren Sprachen, in denen man sich zu unterschiedlichsten und größtenteils Fachthemen austauschen kann. Von den 72 Befragten nutzen lediglich 12 Personen die Diskussionsforen, das sind 17 Prozent.

---

[237] Diese werden mittlerweile „Gruppen" genannt

Art der Forennutzung

Gefragt wurde hier nach der Art der Forennutzung (Lesen oder Schreiben) bzw. nach der Intensität (anzugeben in Stunden pro Woche für das Lesen bzw. in Artikel pro Monat für die Schreibaktivität).

	MW	Median
Lesen: Stunden pro Woche	2,9	0,8
Schreiben: Artikel pro Monat	1,4	1,0

Tabelle 20: Art und Intensität der Forennutzung

Gründe für die Nutzung der Foren

Die folgende Tabelle 7 zeigt Gründe für die Nutzung der Diskussionsforen, gereiht nach den am höchsten bewerteten. Auf die Frage „Benutzen Sie die Diskussionsforen in OpenBC, um Wissen zu erlangen?" kamen die meisten übereinstimmenden Antworten: Die Bewertung erfolgt mittels „ja, sehr" (4) bis „nein, gar nicht" (1). Der Durchschnitt der Antworten ergibt einen Wert von 3,25 und ist somit am höchsten.

Benutzen Sie die Diskussionsforen in OpenBC, um...

1.	...Wissen zu erlangen?	3,25
2.	...Experten zu finden?	3,08
3.	...Partner für Kooperationen zu finden?	2,58
4.	...Ihr persönliches (fachliches) Image zu steigern?	2,50
5.	...sich über gemeinsame (nicht-fachliche) Interessen auszutauschen?	2,50
6.	...Wissen weiterzugeben?	2,25
7.	...Kunden zu finden?	2,08
8.	...das Image Ihres Unternehmens/Produkts zu steigern?	1,92
9.	...Lieferanten zu finden?	1,50

Tabelle 21: Gründe für die Nutzung von Diskussionsforen

Im Folgenden werden nun in 9 Abbildungen die detaillierten Bewertungen der Befragten zu den einzelnen Gründen dargestellt:

Nutzen Sie die Diskussionforen, um...
...Wissen zu erlangen?

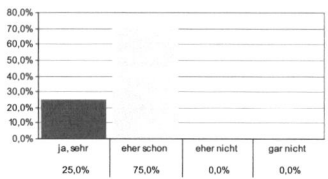

ja, sehr	eher schon	eher nicht	gar nicht
25,0%	75,0%	0,0%	0,0%

Nutzen Sie die Diskussionforen, um...
...Wissen weiterzugeben?

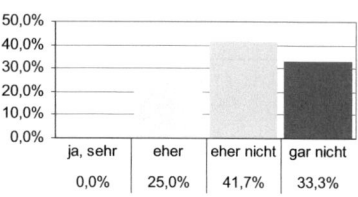

ja, sehr	eher	eher nicht	gar nicht
0,0%	25,0%	41,7%	33,3%

Nutzen Sie die Diskussionforen, um...
...Ihr persönliches Image zu steigern?

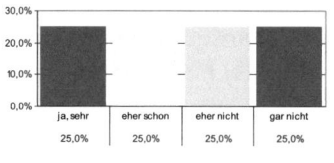

ja, sehr	eher schon	eher nicht	gar nicht
25,0%	25,0%	25,0%	25,0%

Nutzen Sie die Diskussionforen, um...
...das Image Ihres Unternehmens/Produkts zu steigern?

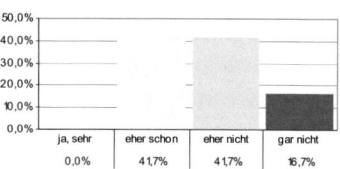

ja, sehr	eher schon	eher nicht	gar nicht
0,0%	41,7%	41,7%	16,7%

Nutzen Sie die Diskussionforen, um...
...Kunden zu finden?

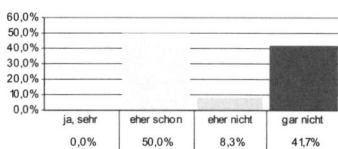

ja, sehr	eher schon	eher nicht	gar nicht
0,0%	50,0%	8,3%	41,7%

Nutzen Sie die Diskussionforen, um...
...Lieferanten zu finden?

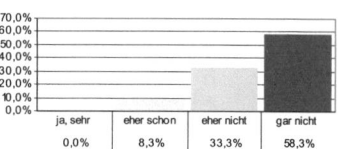

ja, sehr	eher schon	eher nicht	gar nicht
0,0%	8,3%	33,3%	58,3%

Abbildung 35: Diskussionsforen - Details

Analyse

Die Analyse zeigt nun die Relevanz der Forenbenutzung auf den Erfolg mit OpenBC:

Auswirkungen auf die Kontakte (bzw. das Sozialkapital):

a.   Gesamtkontakte bleiben gleich

b.   24,5 % mehr geschäftliche Kontakte (6,7 statt 5,4). Median steigt von 2 auf 4,5

c.   41 % mehr über OpenBC hergestellte Kontakte (4,1 statt 2,). Median steigt von 1 auf 3

d.   142% mehr persönliche Treffen oder Telefonate (6,9 statt 2,9)

Auswirkungen auf den ökonomischen Erfolg:

e.   143% mehr Kontakte zu Personen mit ähnlichen fachlichen Interessen (16,8 statt 6,9). Median steigt von 1 auf 4

f.   128 % mehr fachliche Auskünfte gegeben (0,8 statt 0,4)

g.   57 % mehr fachliche Auskünfte eingeholt (3,7 statt 2,3). Median von 0 auf 1 gestiegen

h.   342 % mehr Anregungen für Geschäftsideen (3,3 statt 0,7). Median von 0 auf 0,5 gestiegen

i.   25 % mehr Kontakte, die für die Karriere förderlich sein können (3,2 statt 2,3). Median von 0 auf 1 gestiegen

j.   31% weniger potenzielle Kunden bei 81% mehr tatsächlichen Kunden (höhere Akquise-Effizienz durch Forenbeteiligung statt Direktkontakte)

k.   Gleich viele potenzielle Lieferanten, aber 450% mehr tatsächliche Lieferantenbeziehungen

l.   314% mehr potenzielle Kooperationspartner (5,3 statt 1,3; Median steigt von 0 auf 1,5) und 306% mehr tatsächlich eingegangene Kooperationen (0,8 statt 0,2)

Rückschlüsse auf Aktivität und Attraktivität:

m.   Seltenere OpenBC-Benutzung, dafür längere Verweildauer (durch Forennutzung)

n.   109% mehr Einladungen ins Netzwerk verschickt (7,4 statt 3,5. Median steigt von 1 auf 3,5) und 70% erfolgreicher damit als der Durchschnitt (3,5 statt 2,1 erfolgreiche Einladungen)

o.   Fehlende Auswirkung auf die Profil-Abrufe bei reinen Forums-Lesern

Unterschiede nach Aufgaben im Unternehmen:

p.   Personalisten (Rekruter), Einkäufer, Projektleiter und Entwickler sind verstärkt in den Diskussionsforen engagiert, Nicht-berufstätige dagegen weit unter dem Durchschnitt.

4.2.4.5 Erfolgsfaktoren der Online-Plattform

Die folgende Abbildung zeigt die aus der Befragung über die Erwartungen an OpenBC (siehe Kapitel 4.1.3.6) gewonnenen Erfolgsfaktoren der Networking-Plattform. Hier wird nun festgestellt, welche Erfolgsfaktoren besonders bedeutsam sind und welche weniger. Die Befragten konnten mit „sehr wichtig" (4) bis „unwichtig" (1) bewerten, die Durchschnitte fließen in die Rangbewertung ein.

Abbildung 36: Gewichtung der Erfolgsfaktoren von OpenBC

Sicherheit, Datenschutz und Seriosität der Plattform ist der bedeutendste Erfolgsfaktor von OpenBC. Die verschlüsselte Übertragung der Daten; die Möglichkeit, sämtliche Daten individuell freizugeben sowie die Seriosität einer internationalen Business-Plattform machen OpenBC so beliebt.

Weit weniger wichtig ist interessanterweise die **Überregionalität bzw. Internationalität**, obwohl dies ein wesentlicher Vorteil von Online-Networking ist, da damit geografische und soziografische Barrieren viel problemloser überwunden werden können.

Die **Möglichkeit des Selbstmarketings** bildet gar das Schlusslicht der Erfolgsfaktoren. Obwohl auch das ein wesentliches Motiv von Networking ist, scheint man hier beim Online-Networking keinen Vorteil im Selbstmarketing zu sehen.

4.2.5 Vergleich Erwartung – Nutzen

Neuanbahnung – Pflege – Wieder auffinden von Kontakten

Hinsichtlich der Struktur der geknüpften Kontakte zeigt sich, dass nur 11,8 Prozent der Kontakte neue hergestellte sind. Da bei den Erwartungen aber eine klare Präferenz der Neuherstellung von Kontakten gegenüber Pflege und Wiederauffindung von bestehenden sichtbar wurde, wurde die Erwartung der Nutzer nach 3 Monaten nicht erfüllt.

Persönliche Ziele des Online-Networkings

Der Analyse Übereinstimmung der Networking-Ziele mit den eingetroffenen Resultaten zeigt folgendes Bild: Von durchschnittlich 14,1 Kontakten nach 3 Monaten sind knapp 6,9 fachliche Kontakte. Das entspricht dem an erster Stelle genannten Ziel der Knüpfung von fachlichen Kontakten. Weiters bestehen 2,3 Kontakte zu Personen, die für die eigene Karriere behilflich sein könnten. Das entspricht dem an zweiter Stelle genannten Ziel der Knüpfung von karriererelevanten Kontakten. Die an dritter Stelle genannte Erwartung der „ökonomisch verwendbaren" Kontakte wird durch durchschnittlich 0,97 potenzielle Kunden, 1,29 potenzielle Kooperationspartner und 0,16 potenzielle Lieferanten entsprochen. Die Verteilung der Kontakte entspricht somit den genannten Networking-Zielen bis auf einen Punkt: Die bereits erwähnte Reaktivierung von Altkontakten war als 4. und am wenigsten relevantes Ziel genannt worden. Mit durchschnittlich 2,44 Kontakten ist es im Vergleich zu den anderen drei Zielen übererfüllt worden.

Suchen versus Gefunden werden

Bei der Erstbefragung nach den Erwartungen wollten sich die Nutzer nicht festlegen, was für sie mehr zählt. Die Praxis nach 3 Monaten zeigt jedoch: Lediglich 30 Prozent der Nutzer, die sich 3 Monate vorher registriert hatten, sind noch mindestens ein Mal pro Woche bei OpenBC online. 10 Prozent nutzen die Plattform überhaupt nicht mehr. Damit begrenzt sich der Nutzen für den nicht sehr aktiven Großteil tatsächlich nur auf das mögliche Gefunden werden.

4.2.6 Zusammenfassung

Von 14,1 durchschnittlichen Kontakten nach 3 Monaten sind weniger als 23 Prozent geschäftlich relevant und weniger als 12 Prozent über OpenBC neu hergestellt.

Deutliche Unterschiede zwischen Mittelwert und Median weisen auf die Existenz von wenigen Erfolgreichen gegenüber vielen nicht so erfolgreichen Benutzern hin.

Personen mit Unternehmensführungs-Aufgaben profitieren kaum, Vertriebspersonen schaffen Geschäftsabschlüsse oder können diese mit Hilfe von OpenBC anbahnen, allerdings in einem sehr geringen Ausmaß. Bei der Personalsuche ist OpenBC recht nützlich, vor allem deshalb, weil jede einzelne Besetzung ökonomisch mit großem Wert verbunden ist. Die Personalisten nutzen die Plattform auch besonders häufig zur erfolgreichen Suche nach Kooperationspartnern. Einkäufer nutzen OpenBC kaum, obwohl viele Verkäufer im System präsent wären. Projektleiter nutzen die Plattform erfolgreich zum Herstellen von fachlichen Kontakten. Für Entwickler und Forscher ist dieses Netzwerk nur aus Karriereperspektive (Jobsuche) interessant.

Premium-Mitgliedschaft und der Einsatz von Fotos wirkt sich positiv auf die Zahl der geknüpften Kontakte aus. Überdurchschnittliche Präsenz auf der Plattform, die sich in hohe Klickraten des eigenen Profils niederschlägt, wirkt sich nicht nur auf die Kontaktzahl positiv aus, sondern auch auf ökonomische Erfolge. Die Aktivität von Personen in Bezug auf Nutzungshäufigkeit und –intensität der Plattform ist direkt proportional mit Sozialkapital-Zugewinn (Kontakte) und ökonomischen Erfolgen.

4.3 Befragung von OpenBC-Langzeitnutzern

4.3.1 Zielsetzung der Untersuchung

Die dritte Untersuchung befasst sich mit den Langzeit-Mitgliedern von OpenBC. Anhand der Befragung dieser Mitglieder wird ermittelt, welche Resultate durch langfristige und intensive Nutzung der Plattform erzielbar sind. Darüber hinaus soll versucht werden, „Best Practice"-Beispiele aufzuzeigen. (Potenziale aufzeigen; Klären, was man sich erwarten darf)

4.3.2 Aufbau und Durchführung der Untersuchung

Auch hier wurde als Methodik ein Online-Selbstausfüller-Fragebogen gewählt. Zur Teilnahme wurden sämtliche Mitglieder der Gruppe[238] „OpenBC Community Wien" eingeladen, die folgende Kriterien erfüllten:

- Mindest-Mitgliedschaftsdauer bei OpenBC von 12 Monaten
- Mindest-Aktivität von 3 (von 5) Graden[239]
- Zentrum der geschäftlichen Tätigkeit in Österreich[240]

---

[238] „Gruppen" werden bei OpenBC die Diskussionsforen seit Anfang 2006 genannt
[239] Die 5 Aktivitäts-„Grade" werden im OpenBC-Profil jedes Nutzers angezeigt (Ausnahme: der Nutzer deaktiviert die Anzeige; diese Nutzer wurden nicht eingeladen). Grad 0 ist der niedrigste Aktivitätsgrad, Grad 5 der höchste. Die zu Grunde liegende Berechnungsformel wurde von OpenBC entwickelt und ist geheim.
[240] Nicht alle Mitglieder der Gruppe „OpenBC Community Wien" haben ihren beruflichen und/oder privaten Schwerpunkt in Österreich

Diesen Nutzern wurde derselbe Fragebogen wie den neuen Benutzern (Teilnehmern des Panels von Kapitel 4.2.) nach 3 Monaten vorgelegt. Die abgefragten Themenkomplexe sind somit Kapitel 4.2.2 zu entnehmen.

4.3.3 Darstellung der Ergebnisse

4.3.3.1 Demografische Daten

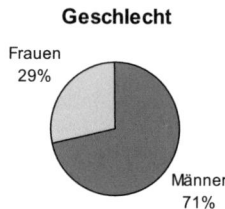

Abbildung 37: Geschlecht der Befragten

Bei den Langzeit-Mitgliedern, von OpenBC ist ein deutlicher Überhang des männlichen Geschlechts erkennbar.

Mitarbeiterzahl	Nennungen	Prozent
1	15,0	13,4%
2 bis 10	36,0	32,1%
11 bis 50	14,0	12,5%
51 bis 100	5,0	4,5%
101 bis 500	6,0	5,4%
mehr als 500	36,0	32,1%
Total	**112,0**	**100,0%**

Tabelle 22: Unternehmensgröße nach Mitarbeiterzahl

Unternehmen mit 1 bis 10 Mitarbeitern – also Selbstständige und Kleinstunternehmen – sind zusammengefasst mit 45,5 % am stärksten vertreten. Dieser Prozentsatz übersteigt auch ihren Anteil am österreichischen Arbeitsmarkt bei weitem (24,4 % Beschäftigte in der Beschäftigungsklasse 1 bis 9[241]).

Mitarbeiter von Großunternehmen sind mit 32,1% ebenfalls stark vertreten, was aber ziemlich genau ihrem Anteil an den österreichischen Arbeitnehmern widerspiegelt.

Die dazwischen liegenden Unternehmensgrößen sind unterrepräsentiert.

Aufgabe im Unternehmen	Nennungen	Prozent
Führungsebene	62	53,9%
Vertrieb	39	33,9%
Personalsuche	23	20,0%
Einkauf	10	8,7%
Projektleitung	48	41,7%
Entwicklung, Forschung	17	14,8%
Organisation	44	38,3%
Derzeit nicht berufstätig	2	1,7%
Sonstiges	62	53,9%
Total	115	

Tabelle 23: Aufgabengebiete im Unternehmen

Mit 53,9% die absolute Mehrheit unter den Langzeit-Nutzern sind Führungskräfte (wobei hier sowohl Mitarbeiter mit Führungsfunktion in größeren Unternehmen, aber auch Einzelunternehmer oder Freiberufler zählen). Gleich oft wurden aber auch „sonstige" Aufgaben im Unternehmen genannt, darunter sind alle für diese Untersuchung nicht speziell relevanten und daher nicht explizit genannten Aufgabenbereiche wie Marketing, Controlling, Kundenbetreuung usw.

---

[241] Siehe Tabelle x: Beschäftigungsstruktur in Österreich

Während die Langzeit-Mitglieder auch sehr oft für Projektleitung (41,7%), Organisation (3,3%) oder Vertrieb (33,9%) zuständig sind, sind die Aufgabengebiete Einkauf (8,7%) sowie Entwicklung und Forschung (14,8%) seltener zu finden. Immerhin jeder 5. (genau 20%) dieser Mitglieder ist mit Personalsuch-Aufgaben beschäftigt.

Nicht berufstätige sind mit 1,7% der Langzeit-Benutzer unterrepräsentiert, wobei es allein aufgrund dieser Untersuchung nicht zulässig wäre, einen Zusammenhang zwischen OpenBC - Mitgliedschaft und Berufstätigkeit zu unterstellen. Es lässt sich nicht feststellen, ob bei Langzeit- und Intensiv-Nutzern weniger Gefahr der Arbeitslosigkeit besteht, oder ob nicht berufstätige an Online-Netzwerken wie OpenBC nicht interessiert sind.

4.3.3.2 Struktur der geknüpften Kontakte

Die Struktur der Kontakte als Gratmesser für das gewonnene Sozialkapital[242] stellt sich bei den Langzeit- und Intensivnutzern folgendermaßen dar:

Frage	Mittelwert	Median
Anzahl Kontakte	146,9	95,0
Davon geschäftlich relevant	57,2	35,0
Davon über OpenBC hergestellt	48,6	22,5
Davon schon vorher bestehende Kontakte	80,4	45,00
Davon verlorengegange und erst durch OpenBC wieder gefundene Kontakte	15,5	10,0
Von den über OpenBC hergestellten Kontakten mittlerweile persönlich getroffen oder telefoniert	37,4	12,0

Tabelle 24: Struktur der geknüpften Kontakte

Die Unterschiede zwischen Median und Mittelwert weisen wieder auf das Vorhandensein von Spitzenwerten („Ausreißern") hin.

---

[242] Siehe Kapitel 4.2.3.2

Die wichtigsten Erkenntnisse sind:

- Von durchschnittlich 95 (Median) hergestellten Kontakten sind immerhin 37 Prozent geschäftlich relevant.
- Ganze 23 % der Kontakte wurden über OpenBC neu hergestellt (Median). Spitzen-Networker treiben den Mittelwert sogar auf 33 %.
- Die Langzeit- und Intensivnutzer haben 13 % ihrer Kontakte mittlerweile auch persönlich getroffen oder mit ihnen telefoniert (Median). Die Spitzen-Networker hieven den Mittelwert auch hier auf über 25 % hoch.

Ehemalige Schulkollegen und ehemalige Arbeitskollegen

Die Langzeitnutzer haben durchschnittlich 4,2 Kontakte zu ehemaligen Schulkollegen und 10,8 Kontakte zu ehemaligen Arbeitskollegen. Während sich die Gesamtzahl der Kontakte gegenüber der Nutzung nach 3 Monaten verzehnfacht, gibt es bei diese beiden Kontaktwerten lediglich eine Verdopplung, der Anteil von ehemaligen Schulkollegen und Arbeitskollegen an der Gesamtkontaktzahl fällt somit auf 3 Prozent bzw. 7 Prozent.

Die Erwartungen der befragten Langzeitbenutzer wurden dabei dennoch erfüllt oder übertroffen, was untenstehende Abbildung deutlich macht. Nicht einmal 10 Prozent sehen ihre Erwartungen untererfüllt.

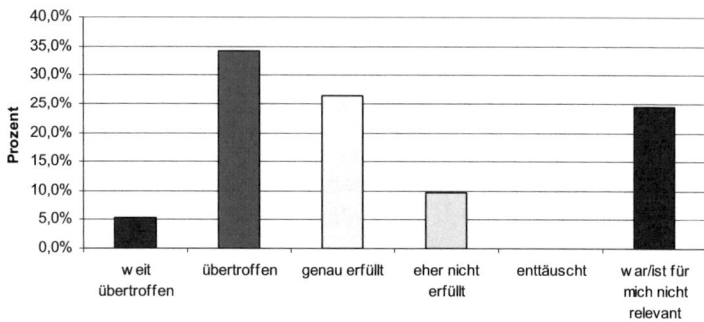

Erwartungen erfüllt?

Abbildung 38: Reaktivierung von Altkontakten - Erwartungen erfüllt?

4.3.3.3 Erfolge gegliedert nach Aufgaben im Unternehmen

Erfolg im Sinne dieser Untersuchung besteht aus folgenden Komponenten bzw. Zielen: **gewonnenes Sozialkapital** sowie **gewonnenes ökonomisches Kapital** (bzw. ökonomisch relevante potenzielle und tatsächliche Transaktionen). Detaillierte Definition und Erklärung dieser beiden Ziele sind in Kapitel 4.2.3.3 nachzulesen.

Unternehmensführung

	Gesamt		UF, Leitung		Differenz	
	MW	Median	MW	Median	MW	Median
Kontakte insgesamt	146,95	95,00	179,03	104,00	32,08	9,00
Davon geschäftlich relevant	57,20	35,00	65,49	48,00	8,29	13,00
Davon neu hergestellt	37,42	12,00	42,81	20,00	5,39	8,00
Davon zuvor bestehend	48,64	22,50	60,11	30,00	11,47	7,50
Davon verlorengegangene Altkontakte	80,40	45,00	102,16	45,00	21,76	0,00
Persönlich getroffen oder telefoniert	15,46	10,00	17,33	10,00	1,87	0,00

Kontakte mit ähnlichen fachl. Interessen	42,17	15,50	54,56	20,00	12,39	4,50
Fachwissen weitergeben	6,00	3,00	6,49	3,00	0,49	0,00
Fachwissen erhalten	3,36	2,00	2,93	200	-0,43	0,00
Anregungen für Geschäftsideen	2,75	0,00	4,21	1,00	1,46	1,00
Jobangebote	2,65	0,00	1,03	0,00	-1,62	0,00
Neue Jobs	0,04	0,00	0,03	0,00	-0,00	0,00
Potenzielle Kunden/Auftraggeber	7,93	3,00	8,53	4,50	0,61	1,50
Tatsächliche Verkäufe	0,76	0,00	0,98	0,00	0,22	0,00
Potenzielle Lieferanten	2,33	0,00	2,71	1,00	0,37	1,00
Tatsächliche Käufe	0,20	0,00	0,29	0,00	0,09	0,00
Potenzielle Kooperationspartner	9,19	5,00	11,00	6,00	1,81	1,00
Tatsächliche Kooperationen	1,35	0,00	2,14	1,00	0,78	1,00
Potenzielle Bewerber	2,68	0,00	3,19	0,00	0,51	0,00
Tatsächliche Besetzungen	0,10	0,00	0,10	0,00	-0,00	0,00

Tabelle 25: Erfolg im Aufgabenbereich Unternehmensführung

Sozialkapital: Die Tabelle zeigt, dass die Führungsebene deutlich mehr Kontakte schließt als der Durchschnitt. Der Anteil von bereits bestehenden sowie wieder entdeckten Kontakten ist dabei aber höher als jener von neu entstandenen Kontakten.

Ökonomische Erfolge: Führungspersonen haben etwas mehr Kontakte zu fachlichen Ansprechpartnern, sie erhalten auch etwas mehr Anregungen zu Geschäftsideen als der Durchschnitt. Mit Jobangeboten werden sie weit seltener konfrontiert. Dafür finden sie mehr potenzielle Kunden und schließen mehr Geschäfte über OpenBC ab. Auch bei der Lieferantensuche sind sie erfolgreicher. Sie finden mehr potenzielle Kooperationspartner, was auch in eine höhere Zahl an tatsächlichen Kooperationen mündet. Sie begeben sich auch häufiger auf die Suche nach Bewerbern.

Vertrieb

	Gesamt		Vertrieb		Differenz	
	MW	Median	MW	Median	MW	Median
Kontakte insgesamt	146,95	95,00	208,18	127,00	61,23	32,00
Davon geschäftlich relevant	57,20	35,00	70,32	50,00	13,11	15,00
Davon neu hergestellt	37,42	12,00	51,74	30,00	14,33	18,00
Davon zuvor bestehend	48,64	22,50	70,68	30,00	22,04	7,50
Davon verlorengegangene Altkontakte	80,40	45,00	117,84	46,00	37,44	1,00
Persönlich getroffen oder telefoniert	15,46	10,00	18,58	16,50	3,11	6,50
Kontakte mit ähnlichen fachl. Interessen	42,17	15,50	50,16	20,00	7,99	4,50
Fachwissen weitergegeben	6,00	3,00	4,49	3,00	-1,51	0,00
Fachwissen erhalten	3,36	2,00	3,08	2,00	-0,28	0,00
Anregungen für Geschäftsideen	2,75	0,00	3,29	1,50	0,54	1,50
Jobangebote	2,65	000	2,15	0,00	-0,50	0,00
Neue Jobs	0,04	0,00	0,05	0,00	0,02	0,00
Potenzielle Kunden/Auftraggeber	7,93	3,00	11,62	5,00	3,70	2,00
Tatsächliche Verkäufe	0,76	0,00	1,13	0,00	0,37	0,00

Tabelle 26: Erfolg im Aufgabenbereich Vertrieb

Sozialkapital: Vertriebsmitarbeiter haben im Vergleich zu allen anderen Aufgabenbereichen im Unternehmen die meisten Kontakte. Auch die geschäftliche Relevanz ist besonders hoch. Sie tendieren auch viel häufiger zu Vertiefung mittels persönlicher Treffen oder Telefonate.

Ökonomische Erfolge: Es bestehen mehr Kontakte zu fachlichen Ansprechpartnern, wobei aber eher weniger Fachwissen ausgetauscht wird. Die Zahl der Anregungen zu Geschäftsideen ist etwas über dem Durchschnitt. Vertriebspersonen erhalten etwas weniger Jobangebote. Bei der Auffindung von potenziellen Kunden sowie im Abschluss sind sie am erfolgreichsten.

Personalsuche

	Gesamt		Personal		Differenz	
	MW	Median	MW	Median	MW	Median
Kontakte insgesamt	146,95	95,00	114,22	80,00	-32,73	-15,0
Davon geschäftlich relevant	57,20	35,00	56,77	42,50	-0,43	7,5
Davon neu hergestellt	37,42	12,00	51,35	20,00	13,93	8,0
Davon zuvor bestehend	48,64	22,50	43,59	29,00	-5,05	6,5
Davon verlorengegangene Altkontakte	80,40	45,00	58,50	30,00	-21,90	-15,0
Persönlich getroffen oder telefoniert	15,46	10,00	14,68	7,50	-0,78	-2,5
Kontakte mit ähnlichen fachl. Interessen	42,17	15,50	48,41	20,00	6,24	4,5
Fachwissen weitergegeben	6,00	3,00	3,61	2,00	-2,39	-1,0
Fachwissen erhalten	3,36	2,00	2,36	2,00	-1,00	0,0
Anregungen für Geschäftsideen	2,75	0,00	1,83	0,00	-0,93	0,0
Jobangebote	2,65	0,00	0,83	0,00	-1,83	0,0
Neue Jobs	0,04	0,00	0,04	0,00	0,01	0,0
Potenzielle Kooperationspartner	9,19	5,00	10,24	5,00	1,05	0,0
Tatsächliche Kooperationen	1,35	0,00	1,14	0,00	-0,22	0,0
Potenzielle Bewerber	2,68	0,00	4,24	0,00	1,56	0,0
Tatsächliche Besetzungen	0,10	0,00	0,23	0,00	0,13	0,0

Tabelle 27: Erfolg im Aufgabenbereich Personalsuche

Sozialkapital: Personalisten haben insgesamt weniger Kontakte als der Durchschnitt. Die Zahl der neu geknüpften Kontakte ist aber überdurchschnittlich hoch.

Ökonomische Erfolge: Personalsuchende haben mehr Kontakt zu fachlichen Ansprechpartnern, was die Zahl an erhaltener und gegebener fachlichen Auskunft nicht ändert. Sie werden weniger oft mit Anregungen für Geschäftsideen konfrontiert und erhalten selbst auch weit weniger Jobangebote. Ihre eigenen Erfolge bei der Bewerbersuche und Besetzung sind dafür weit über dem Durchschnitt.

Einkauf

	Gesamt		Einkauf		Differenz	
	MW	Median	MW	Median	MW	Median
Kontakte insgesamt	146,95	95,00	107,80	82,50	-39,15	-12,5
Davon geschäftlich relevant	57,20	35,00	70,89	45,00	13,69	10,0
Davon neu hergestellt	37,42	12,00	41,20	10,00	3,78	-2,0
Davon zuvor bestehend	48,64	22,50	33,89	20,00	-14,75	-2,5
Davon verlorengegangene Altkontakte	80,40	45,00	57,33	45,00	-23,07	0,0
Persönlich getroffen oder telefoniert	15,46	10,00	18,22	10,00	2,76	0,0
Kontakte mit ähnlichen fachl. Interessen	42,17	15,50	13,56	4,00	-28,61	-11,5
Fachwissen weitergegeben	6,00	3,00	1,50	1,50	-4,50	-1,5
Fachwissen erhalten	3,36	2,00	2,44	2,00	-0,92	0,0
Anregungen für Geschäftsideen	2,75	0,00	1,80	0,50	-0,95	0,5
Jobangebote	2,65	0,00	1,00	0,00	-1,65	0,0
Neue Jobs	0,04	0,00	0,00	0,00	-0,04	0,0
Potenzielle Lieferanten	2,33	0,00	1,89	0,00	-0,44	0,0

	MW	Median	MW	Median	MW	Median
Tatsächliche Käufe	0,20	0,00	0,20	0,00	-0,00	0,0
Potenzielle Kooperationspartner	9,19	5,00	9,33	2,00	0,14	-3,0
Tatsächliche Kooperationen	1,35	0,00	0,50	0,00	-0,85	0,0

Tabelle 28: Erfolg im Aufgabenbereich Einkauf

Sozialkapital: Einkäufer haben weit weniger Kontakte als der Durchschnitt. Der Anteil der geschäftlich relevanten ist dafür mit über 65% besonders hoch.

Ökonomische Erfolge: Die Einkäufer haben wenig Kontakt zu fachlichen Kollegen, suchen bzw. erhalten weniger fachlichen Rat und werden selbst noch weniger um fachlichen Rat gefragt. Sie erhalten weniger Jobangebote. Die Tatsache, dass sie sogar in der Lieferantensuche schlechter performen, liegt wohl in der Tatsache dass kaum reine Einkäufer die Plattform nutzen bzw. an der Umfrage teilnahmen. Es handelt sich wohl um Führungspersonen, die für den Einkauf mit verantwortlich sind (z.B. Einzelunternehmer).

Projektleitung

	Gesamt		Projektleitung		Differenz	
	MW	Median	MW	Median	MW	Median
Kontakte insgesamt	146,95	95,00	106,50	93,50	-40,45	-1,5
Davon geschäftlich relevant	57,20	35,00	47,51	30,00	-9,69	-5,0
Davon neu hergestellt	37,42	12,00	30,40	10,00	-7,02	-2,0
Davon zuvor bestehend	48,64	22,50	38,40	25,00	-10,24	2,5
Davon verlorengegangene Altkontakte	80,40	45,00	53,26	40,00	-27,15	-5,0
Persönlich getroffen oder telefoniert	15,46	10,00	16,09	12,00	0,62	2,0

Kontakte mit ähnlichen fachl. Interessen	42,17	15,50	28,91	15,00	-13,25	-0,5
Fachwissen weitergegeben	6,00	3,00	4,69	3,00	-1,31	0,0
Fachwissen erhalten	3,36	2,00	3,06	2,00	-0,30	0,0
Anregungen für Geschäftsideen	2,75	0,00	2,35	0,00	-0,40	0,0
Jobangebote	2,65	0,00	1,90	0,00	-0,76	0,0
Neue Jobs	0,04	0,00	0,06	0,00	0,03	0,0
Potenzielle Lieferanten	2,33	0,00	2,48	0,00	0,14	0,0
Tatsächliche Käufe	0,20	0,00	0,09	0,00	-0,11	0,0
Potenzielle Kooperationspartner	9,19	5,00	10,71	5,00	1,52	0,0
Tatsächliche Kooperationen	1,35	0,00	1,04	0,00	-0,31	0,0
Potenzielle Bewerber	2,68	0,00	3,42	0,00	0,75	0,0
Tatsächliche Besetzungen	0,10	0,00	0,11	0,00	0,01	0,0

Tabelle 29: Erfolg im Aufgabenbereich Projektleitung

Sozialkapital: Projektleiter haben weit weniger Kontakte, der Anteil an bereits zuvor bestehenden Kontakten ist im Gegensatz zu neu hergestellten vergleichsweise weit höher. Hingegen ist die Zahl der persönlich getroffenen oder telefonisch bekannten Kontakte über dem Durchschnitt.

Ökonomische Erfolge: Die Kontakte zu Personen mit ähnlichen fachlichen Interessen sind geringer, was sich aber kaum auf das Erhalten und Geben von fachlichen Auskünften auswirkt. Projektleiter erhalten etwas weniger Jobangebote. Bei der Suche nach Lieferanten sind sie geringfügig aktiver, was sich aber nicht in mehr Lieferantenverträgen niederschlägt. Dasselbe gilt für die Suche nach Kooperationspartnern und Mitarbeitern.

Entwicklung / Forschung

	Gesamt		F&E		Differenz	
	MW	Median	MW	Median	MW	Median
Kontakte insgesamt	146,95	95,00	126,29	85,00	-20,65	-10,0
Davon geschäftlich relevant	57,20	35,00	57,13	46,50	-0,08	11,5
Davon neu hergestellt	37,42	12,00	19,63	10,00	-17,79	-2,0
Davon zuvor bestehend	48,64	22,50	35,75	24,00	-12,89	1,5
Davon verlorengegangene Altkontakte	80,40	45,00	60,88	35,00	-19,53	-10,0
Persönlich getroffen oder telefoniert	15,46	10,00	20,19	15,00	4,72	5,0
Kontakte mit ähnlichen fachl. Interessen	42,17	15,50	40,00	20,00	-2,17	4,5
Fachwissen weitergegeben	6,00	3,00	9,41	3,00	3,41	0,0
Fachwissen erhalten	3,36	2,00	4,06	2,50	0,70	0,5
Anregungen für Geschäftsideen	2,75	0,00	2,47	0,00	-0,28	0,0
Jobangebote	2,65	0,00	1,76	0,00	-0,89	0,0
Neue Jobs	0,04	0,00	0,12	0,00	0,08	0,0

Tabelle 30: Erfolg im Aufgabenbereich F&E

Sozialkapital: Forscher und Entwickler haben in OpenBC weniger Kontakte, diese sind aber zu mehr als 50% geschäftlich relevant. Mit diesen Kontakten suchen sie auch überdurchschnittlich oft das persönliche oder telefonische Gespräch.

Ökonomische Erfolge: Es werden mehr Kontakte zu fachlichen Ansprechpartnern geknüpft (Median steigt von 15,5 auf 20,0). Fachwissen wird öfter weitergegeben und auch öfter eingeholt. Jobangebote erhalten die Forscher / Entwickler dagegen viel seltener, was auch an den unspezifischen Angaben in ihren Profilen liegen mag, die für Rekruter kaum verwertbar sind.

4.3.3.4 Analyse der Faktoren, die den Erfolg beeinflussen

Foto

Haben Sie ein Foto in Ihr Profil eingefügt?

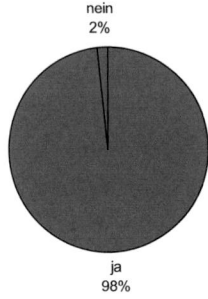

Abbildung 39: Foto im Profil

Eine Analyse der Unterschiede zwischen Langzeit- und Intensivnutzern mit bzw. ohne Foto ist weder möglich noch notwendig, da 98% dieser Mitglieder ein Foto in ihrem Profil haben.

Mitgliedsart

Welche Mitgliedschaft haben Sie derzeit?

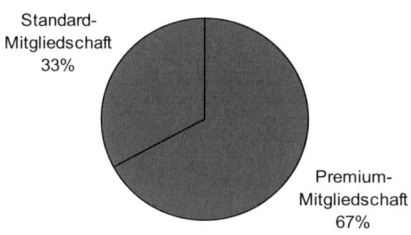

Standard-
Mitgliedschaft
33%

Premium-
Mitgliedschaft
67%

Abbildung 40: Mitgliedschafts-Art

Der überwiegende Teil (67%) der Langzeit-Mitglieder hat eine Premium-Mitgliedschaft. Das wirkt sich folgendermaßen aus:

Auswirkungen auf die Kontakte (bzw. das Sozialkapital):

- Personen mit Premium-Membership haben mehr Kontakte (107 statt 95 im Median)

Auswirkungen auf den ökonomischen Erfolg:

- Sie haben mehr Kontakte zu Personen mit ähnlichen fachlichen Interessen
- Sie geben mehr fachlichen Rat und erhalten auch mehr Rat
- Personen mit Premium-Mitgliedschaft erhalten mehr Jobangebote
- Sie finden deutlich mehr potenzielle Kunden, was sich aber nicht im Erfolg niederschlägt

Rückschlüsse auf Aktivität und Attraktivität:

- Premium-Mitglieder sind aktiver

- Premium-Mitglieder haben deutlich mehr Profil-Abrufe (+17% im Mittelwert, +33% im Median)

Aufschlüsse über geschlechts-spezifische Unterschiede:
- Es gibt keine Differenzen zwischen den Geschlechtern.

Unterschiede nach Aufgaben im Unternehmen:
- Vertriebspersonen haben überdurchschnittlich oft Premium-Mitgliedschaften (+15,9%)
- Projektleiter sind seltener Premium-Mitglieder (-15,3%)

Profilabrufe

Der Benutzer mit den meisten Abrufen seines Profils: **16.296**

Der Benutzer mit den wenigsten Abrufen seines Profils: **140**

Der Durschnittswert: **1823** (Mittelwert) bzw. **1223** (Median)

Zur Analyse der Auswirkungen hoher Präsenz (viele Profilabrufe) wurden alle Personen, deren Abrufzahl über dem Median von 1223 liegt, gesondert ausgewertet und mit der Gesamtheit verglichen.

Auswirkungen auf die Kontakte (bzw. das Sozialkapital):
- Personen mit überdurchschnittlich vielen Profilabrufen haben deutlich mehr Kontakte (160 statt 95 im Median)
- Die Wahrscheinlichkeit eines persönlichen Treffens ist bei diesen Personen doppelt so hoch (+108% im Median)
- Außerdem ist die Anzahl der über OpenBC neu gewonnen Kontakte doppelt so hoch (+96% im Median)

Auswirkungen auf den ökonomischen Erfolg:
- Diese Personen werden öfter um Fachwissen gefragt (+67%) und fragen auch selbst häufiger nach (+50%).

- Diese Personen erhalten doppelt so viele Anregungen zu Geschäftsideen
- Sie haben auch weit mehr Kontakte zu karriereförderlichen Personen
- Auf die Zahl der erhaltenen Jobangebote und Jobs wirkt sich die überdurchschnittliche Präsenz nicht aus
- Auf die Zahl der gefundenen potenziellen und tatsächlichen Kunden wirkt sich die überdurchschnittliche Präsenz nicht aus
- Sie finden mehr potenzielle Lieferanten und schließen deutlich mehr Lieferantenverträge ab
- Sie finden mehr potenzielle Kooperationspartner, was aber nicht in mehr Kooperationen mündet
- Sie suchen bzw. finden deutlich mehr Bewerber als der Durchschnitt, erzielen damit aber nicht mehr Besetzungen

Rückschlüsse auf Aktivität und Attraktivität:
- Diese Personen sind selbst aktiver auf der Plattform tätig, was die hohen Abrufzahlen verursacht
- Sie laden weit mehr Bekannte in die Plattform ein als der Durchschnitt (+130% insgesamt eingeladen; +60% erfolgreich eingeladen)

Aufschlüsse über geschlechts-spezifische Unterschiede:
- Keine Unterschiede zwischen den Geschlechtern

Unterschiede nach Aufgaben im Unternehmen:
- Personalisten haben deutlich weniger Abrufe als der Durchschnitt
- Forscher und Entwickler haben weit weniger Abrufe

Aktivität

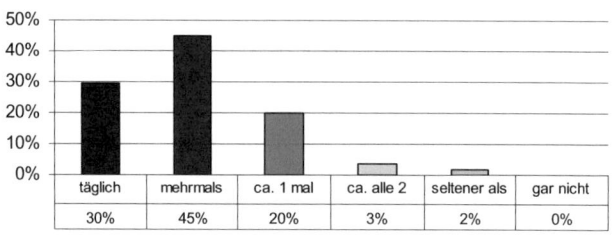

Abbildung 41: Nutzungshäufigkeit von OpenBC

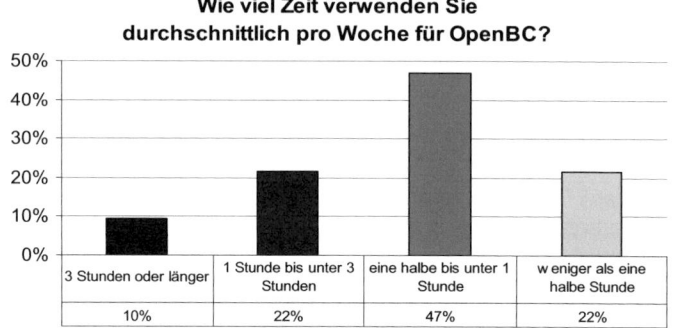

Abbildung 42: Nutzungsintensität von OpenBC

Auswirkungen auf die Kontakte (bzw. das Sozialkapital):

- Aktivere Personen haben 66,3% mehr Kontakte (Median)
- Darüber hinaus haben sie 142% mehr Kontakte persönlich getroffen als der Durchschnitt.
- Während die Anzahl der bereits vor OpenBC bestehenden Kontakte bei übermäßig Aktiven nicht höher ist, gibt es 162% mehr neue Kontakte.

Auswirkungen auf den ökonomischen Erfolg:

- Aktive Personen haben weit mehr Kontakt zu Fachkollegen geknüpft
- Sie haben weit mehr fachliche Auskünfte erteilt (+66,7%) und noch viel mehr durch erhaltene Auskünfte profitiert (+125%)
- Sie knüpfen auch doppelt so viele Kontakte zu Karriere fördernden Personen
- Aktive Personen erhalten mehr Jobangebote
- Aktive Personen finden mehr als 3 mal so viele potenzielle Kunden als der Durchschnitt, daraus entstehen auch deutlich mehr tatsächliche Transaktionen
- Aktive Personen finden deutlich mehr potenzielle Lieferanten, was auch in mehr abgeschlossene Lieferantenverträge mündet
- Aktive Personen finden mehr potenzielle Kooperationspartner. Auch die Zahl der tatsächlich vereinbarten Kooperationen ist weit höher.
- Aktive Personalisten finden mehr potenzielle Bewerber, was auch zu mehr erfolgreichen Besetzungen führt

Rückschlüsse auf Aktivität und Attraktivität:

- Aktive Personen haben in weit höherem Maße die Premium-Mitgliedschaft
- Alle aktiven Personen haben ein Foto in ihrem Profil
- Die in der Plattform aktiven Personen sind beim Einladen von Bekannten nicht überdurchschnittlich aktiv
- Aktive Personen haben deutlich mehr Profilabrufe, weil sie durch ihre Aktivitäten "sichtbarer" bzw. "präsenter" sind

Aufschlüsse über geschlechts-spezifische Unterschiede:

- Es gibt einen ganz leichten Überhang an männlichen Personen unter den besonders aktiven

Unterschiede nach Aufgaben im Unternehmen:

- Vertriebspersonen sind aktiver als der Durchschnitt

- Personalisten sind weniger aktiv als der Durchschnitt
- Einkäufer sind deutlich weniger aktiv
- Projektleiter sind weit weniger aktiv
- Forscher und Entwickler sind im Vergleich besonders aktiv

Geschlecht

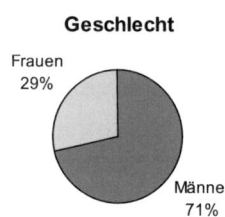

Geschlecht

Frauen
29%

Männer
71%

Abbildung 43: Geschlecht der Befragten

Auswirkungen auf die Kontakte (bzw. das Sozialkapital):

- Frauen haben 43% weniger Kontakte als ihre männlichen Kollegen (54 statt 95 im Median)
- Dies vor allem deswegen, weil sie weniger bereits bestehende Kontakte und verloren gegangene Kontakte in OpenBC abbilden - die Zahl der neu geknüpften Kontakte steht denen von Männern nichts nach.

Auswirkungen auf den ökonomischen Erfolg:

- Trotz weit weniger Gesamtkontakte haben Frauen um 29% mehr Kontakte zu fachlichen Kollegen als Männer. Die Anzahl an gegebenen und erhaltenen fachlichen Auskünften änderte sich dadurch aber gegenüber Männern nicht.
- Frauen haben weniger Kontakte zu karriererelevante Personen
- Frauen erhalten 80% weniger Jobangebote
- Frauen suchen oder finden 20% weniger potenzielle Kunden, sind im Abschluß aber 50% erfolgreicher als Männer

- Frauen finden 28% mehr potenzielle Kooperationspartner, was in 19% mehr Kooperationen mündet.
- Frauen finden 62% mehr potenzielle Bewerber, schaffen damit aber nicht mehr Besetzungen

Rückschlüsse auf Aktivität und Attraktivität:
- Frauen laden weniger Bekannte in das OpenBC-Netzwerk ein
- Frauen haben mehr Profilabrufe

Unterschiede nach Aufgaben im Unternehmen:
- Unter den Vertriebspersonen sind Frauen unterdurchschnittlich oft vertreten
- Frauen sind bei den Personalisten überdurchschnittlich repräsentiert
- Besonders viele Frauen sind im Organisations-Bereich tätig

Diskussionsforen

Da alle befragten Personen aus der Mitgliederliste der Gruppe (=Diskussionsforum) „OpenBC Community Wien" rekrutiert wurden, erübrigt sich die Frage nach einer Forenbeteiligung.

Art und Intensität der Forennutzung:

	MW	Median
Lesen: Stunden pro Woche	1,3	1,0
Schreiben: Artikel pro Monat	3,8	1,0

Tabelle 31: Art und Intensität der Forennutzung

Beim Vergleich der Zahlenangaben mit den OpenBC-Neulingen mag verwundern, dass die Langzeit- und Intensiv-Nutzer weniger Zeit für das Lesen in Foren/Gruppen aufwenden als die Neulinge.

Dabei sei jedoch darauf hingewiesen, dass bei den Neulingen nur der Durchschnitt jener ermittelt wurde, die auch wirklich in den Foren tätig sind, während in obiger Tabelle der Durchschnitt aller Untersuchungsteilnehmer gebildet wurde.

Gründe für die Nutzung der Foren

Eine Auswahl vorgegebener Gründe wurde von den Teilnehmern mit mittels „ja, sehr" (4) bis „nein, gar nicht" (1) bewertet. Am höchsten bewertet wurde die Begründung, „Wissen zu erlangen", während „Wissen weiterzugeben" erst auf Position 4 folgt. Auch die Gründe an Position 2 und 3 drehen sich um Wissensaustausch. Danach folgt die Suche nach Kooperationspartnern. Die Steigerung des persönlichen Images ist offensichtlich wichtiger als eine Steigerung des Unternehmens/Produkt-Images. Um Kunden- und Lieferantensuche geht es in den Foren am wenigsten.

Benutzen Sie die Diskussionsforen in OpenBC, um...

1.	...Wissen zu erlangen?	2,92
2.	...Experten zu finden?	2,71
3.	...sich über gemeinsame (nicht-fachliche) Interessen auszutauschen?	2,66
4.	...Wissen weiterzugeben?	2,57
5.	...Partner für Kooperationen zu finden?	2,48
6.	...Ihr persönliches (fachliches) Image zu steigern?	2,43
7.	...das Image Ihres Unternehmens/Produkts zu steigern?	2,27
8.	...Kunden zu finden?	2,23
9.	...Lieferanten zu finden?	1,83

Tabelle 32: Gründe für die Nutzung der Diskussionsforen

4.3.3.5 Erfolgsfaktoren der Online-Plattform

Die folgende Abbildung zeigt die aus der Befragung über die Erwartungen an OpenBC (siehe Kapitel 4.1.3.6) gewonnenen Erfolgsfaktoren der Networking-Plattform. Hier wird nun festgestellt, welche Erfolgsfaktoren besonders bedeutsam sind und welche weniger. Die Befragten konnten mit „sehr wichtig" (4) bis „unwichtig" (1) bewerten, die Durchschnitte fließen in die Rangbewertung ein.

1	Suchfunktionalität	3,57
2	Transparenz	3,55
3	Sicherheit, Datenschutz, Seriosität	3,52
4	Schnelligkeit	3,50
5	Größe der Plattform	3,48
6	Unabhängigkeit von örtlichen Beschränkungen	3,39
7	Überregionalität/Internationalität	3,39
8	Unabhängigkeit von Geschäftszeiten	3,36
9	Aktualität und Dynamik	3,31
10	Möglichkeit des Selbstmarketings	3,11
11	Flexibilität der Plattform	2,96

Tabelle 33: Erfolgsfaktoren

4.3.4 Vergleich des erlebten Nutzens mit Panel von 4.2.1

Die folgende Tabelle fasst die durchschnittlichen Angaben der Neumitglieder sowie jene der Langzeit-Mitglieder zusammen. Als dritte Spalte wurden die Kontakterfolge der Langzeit-Mitglieder auf ein vergleichbares Format gebraucht, also auf einen 3-Monats-Zeitraum.

	Neulinge nach 3 Monaten		Langzeit-User		Langzeit-User auf 3 Monate	
	MW	Median	MW	Median	MW	Median
Kontakte insgesamt	14,06	8,50	146,95	95,00	23,20	15,00
Davon geschäftlich relevant	5,35	2,00	57,20	35,00	9,03	5,53
Davon neu hergestellt	2,89	1,00	37,42	12,00	5,91	1,89

Davon zuvor be-stehend	10,36	4,50	48,64	22,50	7,68	3,55
Davon reaktivierte Altkontakte	2,44	0,00	80,40	45,00	12,70	7,11
Fachliche Kon-takte	6,93	1,00	42,17	15,50	6,66	2,45
Jobangebote	0,17	0,00	2,65	0,00	0,42	0,00
Neue Jobs	0,01	0,00	0,04	0,00	0,01	0,00
Potenzielle Kun-den	0,97	0,00	7,93	3,00	1,25	0,47
Tatsächliche Ver-käufe	0,14	0,00	0,76	0,00	0,12	0,00
Potenzielle Liefe-ranten	0,16	0,00	2,33	0,00	0,37	0,00
Tatsächliche Käu-fe	0,03	0,00	0,20	0,00	0,03	0,00
Potenzielle Ko-operationen	1,29	0,00	9,19	5,00	1,45	0,79
Tatsächliche Ko-operationen	0,18	0,00	1,35	0,00	0,21	0,00
Potenzielle Be-werber	3,92	0,00	2,68	0,00	0,42	0,00
Tatsächliche Be-setzungen	0,03	0,00	0,10	0,00	0,02	0,00

Tabelle 34: Nutzenvergleich Neumitglieder mit Langzeit-Mitglieder

Die Langzeit-Benutzer von OpenBC sammeln innerhalb von 3 Monaten 23,2 Kontakte, während es die Neumitglieder nur auf 14,1 Kontakte brachten. Bei den Langzeit-Benutzern sind auch doppelt so viele geschäftlich relevant.

Die Zahl der neu hergestellten Kontakte ist bei den Langzeit-Mitgliedern doppelt so hoch, die Zahl der reaktivierten Altkontakte sogar fünfmal so hoch.

Bei den fachlichen Kontakten besteht kein signifikanter Unterschied. Dafür erhalten die Langzeit-Benutzer im gleichen Zeitraum mehr als doppelt so viele Jobangebote. Die Zahl der tatsächlichen

Jobs ist zwar gleich hoch, in beiden Fällen aber vernachlässigbar gering. Darüber hinaus knüpfen Langzeit-Benutzer mehr Kontakte zu potenziellen Kunden, was sich aber nicht in höheren Abschlussquoten niederschlägt. Auch die Lieferanten-Kontakte sind höher, wiederum ohne Auswirkungen auf realisierte Transaktionen. Bei Kooperationspartnern sind geringfügig bessere Ergebnisse bei den Langzeit-Mitgliedern zu beobachten. Bei der Bewerbersuche waren offensichtlich die Neumitglieder weit erfolgreicher – und zwar um den Faktor 9. Ein Umstand, zu dessen Erklärung weitere Erhebungen notwendig wären.

4.3.5 Zusammenfassung

Bei den Intensiv- und Langzeit-Mitgliedern sind von durchschnittlich 147 Kontakten 40 Prozent geschäftlich relevant. Mehr als die Hälfte der 147 Kontakte sind wieder gefundene Altkontakte, 30 Prozent sind neu hergestellte Kontakte.

Auch hier gibt es signifikante Unterschiede zwischen Mittelwert und Median. Der niedrigere Median weist darauf hin, dass die unteren Klassen stärker besetzt sind. Es gibt also auch hier eine kleine Zahl überdurchschnittlich erfolgreicher Mitglieder.

Personen mit Unternehmensführungs-Aufgaben haben mehr Gesamtkontakte und auch mehr geschäftlich relevante Kontakte als der Durchschnitt. Sie unterhalten überdurchschnittlich viele fachliche Kontakte und bekommen mehr Anregungen zu Geschäftsideen. Darüber hinaus sind die in allen Facetten der ökonomischen Betrachtung (Kunden, Lieferanten, Kooperationen, Bewerber) erfolgreicher tätig.

Vertriebspersonen zwar weit mehr Gesamtkontakte als der Durchschnitt, ein Großteil davon sind aber reaktivierte Altkontakte. Auch diese Berufsgruppe pflegt mehr fachliche Kontakte. Die Zahl der potenziellen Kunden und der tatsächlichen Verkäufe sind deutlich höher als beim Durchschnitt.

Personalisten haben deutlich weniger Gesamtkontakte, dennoch liegen sie in den neu hergestellten Kontakten über dem Durchschnitt. Sie finden mehr Bewerber und führen auch mehr Besetzungen durch.

Einkäufer haben neben den Projektleitern die wenigsten Gesamtkontakte, aber mehr geschäftlich relevante als der Durchschnitt. Sie haben gravierend weniger Kontakte zu Fachkollegen und keine besseren Resultate bei der Lieferantensuche als der Durchschnitt. Einkäufer schöpfen das Potenzial der Plattform (große Präsenz von Verkäufern) offensichtlich nicht aus.

Projektleiter haben nicht nur vergleichsweise wenige Gesamtkontakte, sie weisen auch eine unterdurchschnittliche Zahl an Kontakten zu Personen mit ähnlichen fachlichen Interessen auf – im Gegensatz zu den Projektleiter-Neumitgliedern. Dafür sind sie bei der Kooperationspartnersuche und bei der Bewerbersuche erfolgreicher.

Forscher und Entwickler berichten zwar von durchschnittlich weniger Jobangeboten, die Wahrscheinlichkeit eines tatsächlichen Jobwechsels aufgrund von OpenBC-Kontakten ist jedoch doppelt so hoch.

4.4 Vergleich der Untersuchungen mit openBC-Studie

Fittkau & Maaß hat im Auftrag von openBC eine weltweite Untersuchung des Kommunikations- und Networking-Verhaltens von Nutzern der Networking-Plattform openBC durchgeführt. Erhebungszeitraum war 14. November 2005 bis 31. Jänner 2006. Es wurden dabei 24.511 openBC-Nutzer online befragt.[243]

Der Vergleich der Resultate dieser Untersuchung mit jenen der vorliegenden Untersuchung[244] soll nun einerseits klären, ob es Differenzen in den Studienergebnissen gibt und andererseits durch die Gegenüberstellung bzw. Integration beider Forschungen Zusatzinformationen generieren.

4.4.1 Nutzungsintensität der Networking-Plattform

---

[243] Vgl. OpenBC (2006 b): S. 4
[244] im Besonderen den beiden in Kapitel 4.2 und 4.3

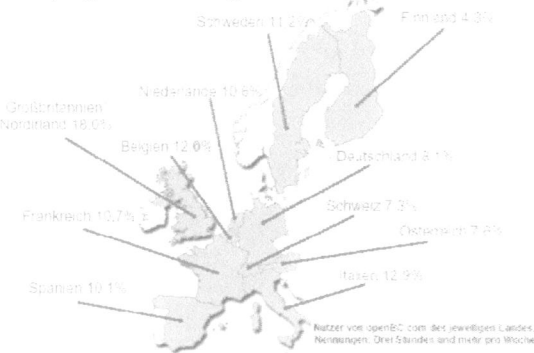

Networking im Internet
Kontaktpflege auf Networking-Plattformen mind. drei Stunden

Abbildung 44: Kontaktpflege auf Networking-Plattformen
Quelle: openBC (2006 c): S. 11

Obige Abbildung zeigt den Anteil der befragten Nutzer von OpenBC, der mindestens drei Stunden pro Woche für die Kontaktpflege aufwendet. Österreich liegt somit bei den Intensivnutzern mit 7,6 % unter dem europäischen Schnitt von 10,3 %.[245]

Der Vergleich mit den Untersuchungen dieser Untersuchung zeigt: 6,9 % der Neumitglieder (befragt nach 3 Monaten) wenden mindestens drei Stunden pro Woche ab. Bei den Langzeit-Mitgliedern sind es hingegen 9,6 %.

---

[245] Vgl. OpenBC (2006 c): S. 10 f

4.4.2 Anzahl bestätigter Kontakte bei OpenBC

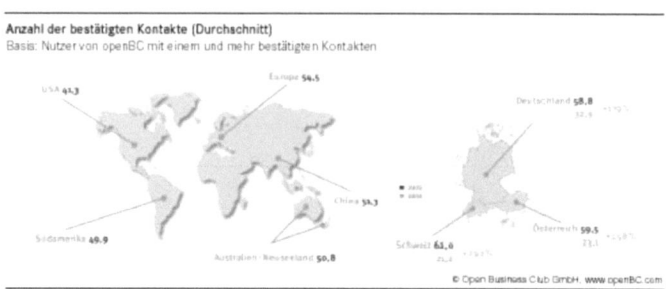

Abbildung 45: Anzahl der bestätigten Kontakte
Quelle: OpenBC (2006 b): S. 2

Die Abbildung der OpenBC-Studie zeigt, dass die Networker in Österreich bei openBC durchschnittlich 59,5 bestätigte Kontakte haben. Damit liegen sie im europäischen Vergleich sehr gut – der Durchschnitt für Europa ist 54,5.[246]

Die in dieser Untersuchung befragten Neumitglieder halten nach drei Monaten bei 14,1 Kontakte; die Langzeit-Mitglieder bei 147. Damit ist die Vernetzung dieser Benutzer mehr als doppelt so stark wie beim österreichischen Durchschnitt.

4.4.3 Anteil geschäftlich relevanter Kontakte

Die OpenBC-Studie weist für Europa 55,8 % der Kontakte als geschäftlich relevant aus. In Österreich sind es 51,4 %.[247]

In dieser Frage lieferten die Untersuchungen der vorliegenden Untersuchung abweichende Ergebnisse: Bei den befragten Neumitgliedern sind es nach drei Monaten 38 %, bei den Langzeit-Mitgliedern steigt der Anteil der geschäftlich relevanten geringfügig auf 39

---

[246] Vgl. OpenBC (2006 b): S. 2
[247] Vgl. OpenBC (2006 c): S. 15 f

% an. Damit liegen diese Werte mehr als 10 % unter der OpenBC - Erhebung.

4.4.4 Neugeschäft über OpenBC

In Europa haben 16,4 % der von OpenBC befragten Benutzer bereits Neugeschäfte mit Umsätzen via OpenBC generiert (d.h. mindestens ein Geschäft). Detailwerte für Österreich liegen für diese Frage nicht vor.[248]

Die Untersuchungen dieser Untersuchung detaillierten diese Ergebnisse: Bei den Neumitgliedern sind es nach drei Monaten 7 % der Befragten, die mindestens ein Neugeschäft mit Umsätzen generiert haben. Berücksichtigt man die prinzipiell umsatzlosen Kooperationen, so beträgt der Wert 8 %.

Die übermäßig aktiven Langzeit-Mitglieder sind weit erfolgreicher: 35 % geben an, bereits Neugeschäfte mit Umsätzen gemacht zu haben, inklusive Kooperationen sind es sogar 47 %. Die Einzelwerte: 28 % geben an, Neugeschäfte mit Kunden generiert zu haben, 20 % geben an, Neugeschäfte mit Lieferanten abgewickelt zu haben, 41 % geben an, Kooperationen erfolgreich ins Leben gerufen zu haben und 14 % haben erfolgreich Positionen im eigenen Unternehmen besetzt.

---

[248] Vgl. OpenBC (2006 c): S.

5 Conclusio

5.1 Darstellung des ökonomischen Erfolgs

Die folgende Darstellung zeigt in übersichtlicher Form den ökonomischen Erfolg sowie das generierte Sozialkapital, welches in ökonomische Erfolge transformiert werden kann.

Ökonomische Betrachtung von Business Networking im Internet

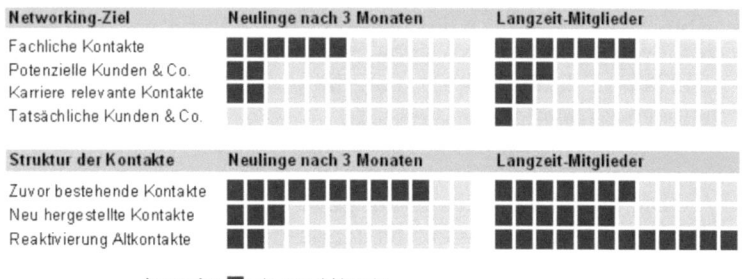

Abbildung 46: Networking-Ziele und ihre Erreichung

Die Abbildung bildet die bei der Erwartungserhebung ermittelten Networking-Ziele ab, die sich auch mit den Forschungsfragen decken und klärt damit die Frage nach dem erzielten **ökonomischen Erfolg**. Das Networking-Ziel „Ökonomische Erfolge" wurde in potenzielle Kunden, Lieferanten und Kooperationen sowie tatsächliche Kunden, Lieferanten und Kooperationen geteilt.

Zu den Networking-Zielen wurde auch die Struktur der Kontakte in die Darstellung aufgenommen, da diese den Erfolg in Form von neu geschaffenem **Sozialkapital** ermittelt. Zuvor bestehende Kontakte sind dabei nicht als neu geschaffenes Sozialkapital einzuordnen, während die neu hergestellten und die verloren gegangenen, aber nun reaktivierten Altkontakte sehr wohl als Sozialkapital-Zugewinn identifiziert werden.

Den Neumitgliedern, die nach 3 Monaten Mitgliedschaft befragt wurden, sind die Intensiv- und Langzeit-Nutzer gegenübergestellt. Deren Kontaktdaten wurden auf einen vergleichbaren Wert für drei Monate umgerechnet.

Die dunkelblau gekennzeichneten Felder kennzeichnen die durchschnittlich erzielten Kontakte der Befragten, wobei ein dunkelblaues Feld für etwa einen Kontakt steht.

5.2 Beantwortung der Forschungsfragen

Welchen Erfolg bringt Business Networking im Internet bei der Suche nach Aufträgen, Kunden, Lieferanten und Kooperationspartnern?

8 Prozent der Neumitglieder können nach drei Monaten Neugeschäfte mit Umsätzen vorweisen. Bei den Langzeit-Mitgliedern sind es hingegen 30 Prozent. Diese Zahl ist ansprechend hoch, die Menge der Geschäftstransaktionen ist aber nicht annähernd erfreulich: Abbildung 44 zeigt, dass Neumitglieder nach 3 Monaten durchschnittlich 2 Kontakte zu potenziellen Kunden, Lieferanten oder Kooperationspartnern haben. Tatsächlich realisierte Erfolge in Form von Verträgen sind jedoch vernachlässigbar gering (im Durchschnitt weit unter 1). Langzeit-Mitglieder können innerhalb von 3 Monaten immerhin 3 Kontakte zu potenziellen Geschäftspartnern knüpfen, wobei es in diesem Zeitraum durchschnittlich zu einer einzigen tatsächlich realisierten Transaktion oder einem Vertrag kommt.

Welchen Erfolg bringt Business Networking im Internet bei der Suche nach Stellen bzw. Kandidaten für Stellen?

Neumitglieder konnten nach 3 Monaten auf durchschnittlich 2 karriererelevante Kontakte verweisen, wurden in diesem Zeitraum jedoch weniger als 0,2 Jobangeboten konfrontiert. Langzeit-Nutzer erzielen hier keine besseren Resultate, auch sie knüpfen innerhalb von 3 Monaten 2 karriererelevante Kontakte, erhalten in dieser Zeit aber mehr als 0,4 Jobangebote, exakt um den Faktor 2,5 mehr.

Bei der Analyse der Suche nach Kandidaten für Stellen zeigt sich: 10 Prozent aller befragten Neumitglieder haben bereits eine erfolgreiche Besetzung aufgrund von OpenBC-Networking durchgeführt. Bei den Langzeit-Mitgliedern sind es sogar 14 Prozent.

Welchen Erfolg bringt Business Networking im Internet bei der Suche nach Experten und Wissen?

Die Grafik zeigt, dass Neumitglieder nach 3 Monaten durchschnittlich 6 fachliche

Kontakte haben. Langzeit-Mitglieder können im Vergleichszeitraum 7 fachliche Kontakte knüpfen.

Welchen Erfolg bringt Business Networking im Internet in Hinblick auf erzielbares Sozialkapital?

Das Kontaktnetzwerk der Neumitglieder besteht aus 10 bereits zuvor bestehenden Kontakten, aber lediglich aus 3 neu geknüpften Kontakten und 2 reaktivierten, verloren gegangenen Altkontakten. Bei Langzeit-Nutzung verschiebt sich diese Kontaktstruktur in einem vergleichbaren Zeitraum auf 7 bestehende Kontakte zu 6 neu hergestellte und sogar 12 reaktivierte Altkontakte. Damit wird deutlich, dass in der ersten Phase der Mitgliedschaft hauptsächlich bekannte Gesichter gesucht werden, um das bestehende Netzwerk abzubilden. Erst mit zunehmender Mitgliedschaftsdauer wird das Kontaktnetzwerk um online geknüpfte Kontakte erweitert, wobei bei dieser Suche nach interessanten Kontakten auch zunehmend verloren gegangene Kontakte gefunden werden. Langfristig ist damit der Aufbau von Sozialkapital nachgewiesen: Die Langzeit-Mitglieder haben durchschnittlich 37 neu hergestellte Kontakte und 80 reaktivierte Altkontakte – das ist ein Sozialkapital-Zugewinn von 117 Kontakten. Nicht berücksichtigt ist jedoch, wie intensiv die Gewichtung dieser Kontakte ist. Online geknüpften Kontakten, denen keine reale, persönliche Begegnung folgt, kann weniger Potenzial zum Abruf von Sozialkapital beigemessen werden als solchen Kontakten, die durch persönliche Begegnung bereits gefestigt sind.

Zusammenfassend kann festgehalten werden, dass Online Networking beim Knüpfen neuer Kontakte sehr hilfreich ist. Business-Netzwerke wie OpenBC eignen sich jedoch bis auf gewisse Ausnahmen (vor allem Recruiting) nicht als strategische Quelle für ökonomische Transaktionen. Es empfiehlt sich einerseits, in bedeutenden Netzwerken einfach präsent zu sein und andererseits, die Netzwerke bei der Anbahnung von Transaktionen oder in anderen Phasen der Wertschöpfung gezielt zur Suche nach bestimmten Per-

sonen zu nutzen (zum Beispiel Door-Opener, fachliche Ansprech-
partner, Jobkandidaten oder Kooperationspartner). Darin liegt die
wesentliche Stärke dieser Online Networking Plattformen.

6 Literaturverzeichnis

Literatur-Quellen:

Adler, Paul S. / **Kwon**, Seok-Woo (1999): Social capital: The Good, The Bad, and The Ugly, Marshall School of Business - University of Southern California

Axelrod, Robert (2000): Die Evolution der Kooperation, New York: Oldenbourg

Barabási, Albert-László (2003): Linked, New York: Plume

Bosshardt, Christoph (2001): Homo Confidens. Eine Untersuchung des Vertrauensphänomens aus soziologischer und ökonomischer Perspektive: Europäischer Verlag der Wissenschaften

Boase, Jeffrey / **Horrigan**, John B. / **Wellman**, Barry / **Rainie**, Lee (2006): The Strenth of Internet Ties: PEW Internet & American Life Project, Washington

Castilla, Emilio J. / **Hwang**, Hokyu / **Granovetter**, Ellen / **Granovetter**, Mark (2000): Social Networks in Silicon Valley, in: The Silicon Valley Edge: A Habitat for Innovation and Entrepreneurship, C.M. Lee, W.F. Miller, H. Rowen, and M. Hancock, editors, Stanford University Press, 2000

Cross, Robert L. / **Parker**, Andrew (2004): The Power of Social Networks, Boston: Harvard Business School Press

Daniel, Isabelle (2005): Straches schlagende Burschen, in: News 48/05, S. 30-32

Davies, William (2003): You Don't Know Me, but... Social Capital & Social Software, London: The Work Foundation

Diller, Hermann/ **Kusterer**, Marion (1988): Beziehungsmanagement, in: Marketing ZFP, 10 (3), S. 211-220

Dodds, Peter Sheridan / **Muhamad**, Roby / **Watts**, Duncan J. (2003): An Experimental Study of Search in Global Social Networks, in: Science, 2003, Vol. 301, S. 827-829

Durkheim, Emile (1976): Die Regeln der soziologischen Methode, Berlin: Hermann Luchterhand Verlag, 4. Auflage

Eichholz, Till (2005): Potenziale von Social Network Software zum Aufbau und zur Nutzung von Social Capital, Diplomarbeit, Katholische Universität Eichstätt, Ingolstadt

Fabjan, Jutta (2003): Transaktionskostensenkende Effekte von Reputation. Handelswissenschaften, Diplomarbeit, Wirtschaftsuniversität Wien

Fehr, Ernst / **Nowak**, Martin A. / **Sigmund**, Karl (2002): Teilen und Helfen – Ursprünge sozialen Verhaltens, in: Spektrum der Wissenschaft, März 2002, S. 52

Friedschröder, Thomas (2005): Spielanleitung für Netzwerker, Wien: WUV

Garton, Laura / **Haythornthwaite**, Caroline / **Wellman**, Barry (1999): Studying On-Line Social Networks, in: Doing Internet Research S. 75–105

Gilbert, Dirk Ulrich (2003): Vertrauen in strategischen Unternehmensnetzwerken, Wiesbaden: Deutscher Universitäts-Verlag

Gladwell, Malcolm (2002): The Tipping Point, München: Wilhelm Goldmann Verlag

Glaeser, Edward L. / **Laibson**, David / **Sacerdote**, Bruce (2002): An Economic approach to social capital, in: The Economic Journal, 112 (November), S. 437-458, Oxford

Granovetter, Mark (1973): The Strength of Weak Ties, in: American Journal of Sociology, May 1973, Vol. 78, Issue 6, S. 1360-1380

Granovetter, Mark (2003): Ignorance, Knowledge, and Outcomes in a Small World, in: Science, 2003, Vol. 301, 8. August 2003, S. 773-774

Granovetter, Mark (2005): The Impact of Social Structure on Economic Outcomes, in: Journal of Economic Prespectives, Winter 2005, Vol. 19, Number 1, S. 33-50

Hanneman, Robert A. (2001): Introduction to Social Network Methods, University of Califormia, Riverside

Hogg, Tad / **Adamic**, Lada (2004): Enhancing Reputation Mechanisms via Online Social Networks, New York

Jansen, Dorothea (2003): Einführung in die Netzwerkanalyse, Opladen: Leske + Budrich

Katzmair, Harald (2005a): Frische Lust für starke Netzwerke. Präsentation 8.9.2005 in Linz

Katzmair, Harald (2005b): Excellent Networks. Dimensions and criteria from the perspective of complexity research and social network analysis, in: Excellent Networks, Hrsg. von Austrian Council for Research and Technology Development, Wien / FAS.research, Wien

Katzmair, Harald (2005c): Measurement – a Close-up look at Social Relations. In: Excellent Networks, Hrsg. von Austrian Council for Research and Technology Development, Wien / FAS.research, Wien

Katzmair, Harald (2005d): Exzellente Netzwerke in Forschung und Innovation, Presseinformation, Wien, 8.11.2005

Kissling, Roland (2005): Wem die IT-Branche gehört. In: Computerwelt Special 2005

Kleinfeld, Judith (2002): The Small World Problem, in: Society 39 (Jan-Feb 2002)

Knack, Stephen / **Keefer**, Philip (1997): Does Social Capital have an Economic Payoff?, S. 1251-1288, in: The Quarterly Journal of Economics, Harvard college and the Massachusetts Institute of Technology, November 1997.

Kulterer, Gabriele (1998): Der Faktor Vertrauen im Virtuellen Unternehmen unter besonderer Berücksichtigung des Brokerkonzepts. J 160, Diplomarbeit, Wirtschaftsuniversität Wien

Lawrence, Jamie / **Payne**, Terry (2004):Exploiting Familiar Strangers. Position Paper for 1st Workshop on Friend of a Friend, Social Networking and the Semantic Web, September 2004, Galway, Ireland.

Luhmann, Niklas (1989): Vertrauen: ein Mechanismus der Reduktion sozialer Komplexität, Stuttgart

Levin, Daniel Z. / **Cross**, Rob / **Abrams**, Lisa C. (2002): The Strength of weak ties you can trust, Rutgers University: New Jersey

Monka, Michael / **Voß**, Werner (2002): Statistik am PC, München: Carl Hanser Verlag

LinkedIn (2006): LinkedIn Premium Services Finding Rapid Adoption, Pressemitteilung vom 07.03.2006. Online verfügbar unter https://www.linkedin.com/static?key=press_releases_030706

Newman, M. E. J. (1999) : Small Worlds. The Structure of Social Networks, Working-Paper, Santa Fe Institute

Obermayr, Andreas (2003): Die Rolle von Vertrauen in internationalen Geschäftsbeziehungen. Handelswissenschaft, Diplomarbeit, Wirtschaftsuniversität Wien

Open Business Club (2006 a): Jetzt über 1 Million Mitglieder, Pressemitteilung vom 31.01.2006. Online verfügbar unter: http://corporate.openbc.com/de/pressemitteilung/news/openbc-jetzt-ue.html

Open Business Club (2006 b): Networking via Internet zahlt sich finanziell aus, Pressemitteilung vom 22.03.2006. Online verfügbar unter: http://corporate.openbc.com/survey_2006/PR_openBC_survey_2006_deutsch.pdf

Open Business Club (2006 c): 2. internationale openBC-Studie: Kommunikation & Networking im Internet, Hamburg

O'Murchu, Ina / **Breslin**, John G. / **Decker**, Stefan (2004): Online Social and Business Networking Communities, Digital Enterprise Research Institute, National University of Ireland, Galway

Pieper, Joachim (2000): Vertrauen in Wertschöpfungspartnerschaften, Wiesbaden

Plötner, Olaf (1995): Das Vertrauen des Kunden, Wiesbaden: Gabler

Portes, Alejandro (1998): Social Capital: Its Origins and Applications in Modern Sociology, Princeton University, New Jersey

Putnam, Robert D. (1996): Bowling alone. America's Declining Social Capital, Interview, in: Journal of Democracy, S. 65-78, Jänner 1995

Renz, Florian (2006): Praktiken des online-gestützten Netzwerkens am Beispiel von openBC, Diplomarbeit, Studiengang Soziologie, Otto-Friedrich-Universität Bamberg

Quan-Haase, Anabel / **Wellman**, Barry (2002): How does the Internet Affect Social Capital, University of Toronto

Rosam, Wolfgang (2005): Auf- und Ausbau von Geschäftsbeziehungen. Konferenzdokumentation zum Vortrag bei der Fachtagung „Business Relationship Management", 8./9. November 2005, Wien

Rosen, Emanuel (2000): The Anatomy of Buzz, New York: Currency Book

Scheler, Uwe (2000): Erfolgsfaktor Networking, Frankfurt am Main: Campus Verlag

Schmid, Michael / Schnabel, Gabriela / Breitler, Christine (2006): Netzwerke zum Erfolg, in: Format 9 / 06, S. 44-49, Wien

Sixtus, Mario (2005): Das Web sind wir, in: Technology Review 7/2005, Heise Verlag

Teten, David / **Allen**, Scott (2005): The Virtual Handshake, New York: Amacom

Wagner, Michael (2004): Business Networking im Internet, Wiesbaden: Gabler

Watts, Duncan J. (2003): Six Degrees, New York: Norton

Wellman, Barry (2001): Computer Networks as Social Networks, S. 2031-2034, in: Science, Vol. 293, 14. September 2001

Weyer, Johannes (2000): Soziale Netzwerke, München: Oldenbourg

Internet-Quellen:

Ax, Martin (2005): „Die Kunst der Vernetzung feiert zehnjähriges Jubiläum in: Die Welt vom 20.06.2005. URL: http://corporate.openbc.com/de/presse/pressespiegel/single-news/news/die-kunst-der-v-1/1.html (abgerufen am 08.03.2006)

Caritas Österreich (o.J.): Zahlen & Fakten. URL: http://www.caritas.at/caritasinfos/zahlen.html (abgerufen am 08.03.2006)

Fitzgerald, Michael (2004): Internetworking. URL: http://www.technologyreview.com/InfoTech/wtr_13526,294,p3.html (abgerufen am 03.03.2006)

Katzmair, Harald (2006): Networking und Vertrauen. URL: http://derstandard.at/?url=/?id=2365904 (abgerufen am 18.03.2006)

Lions (o.J.): Kurzinfos über Lions. URL: http://www.lions.at (abgerufen am 01.04.2006)

Meskill, Judith (2005): Home of the Social Networking Services Meta List, in: The Social Software Weblog. URL: http://socialsoftware.weblogsinc.com/2005/02/14/home-of-the-social-networking-services-meta-list/ (abgerufen am 03.03.2006)

OpenBC (o.J.): OpenBC Basisinformationen. URL: http://corporate.openbc.com/de/pressemitteilung/news/openbc-basisinf/1.html (abgerufen am 06.03.2006)

OpenBC (2006): Jetzt über 1 Million Mitglieder. URL: http://corporate.openbc.com/de/pressemitteilung/news/openbc-jetztue.html (abgerufen am 06.03.2006)

Österreichischer Alpenverein (o.J.): Der Oesterreichische Alpenverein – Idee und Struktur. URL http://www.alpenverein.at/portal/Der_Verein/Geschichte/index.php?navid =106 (abgerufen am 08.03.2006)

Österreichischer Bundesfeuerwehrverband (o.J.): Statistik 2004 der österreichischen Feuerwehren. URL: http://www.bundesfeuerwehrverband.at/oebfv/index.php?id=155 (abgerufen am 08.03.2006)

Österreichischer Gewerkschaftsbund (o.J.): Die Grundlagen. URL: http://www.oegb.at/servlet/ContentServer?pagename=OEGBZ/Page/OEGB Z_Index&n=OEGBZ_2 (abgerufen am 08.03.2006)

Österreich Lexikon AEIOU (o.J.): Rotary-Clubs. URL: http://www.aeiou.at/aeiou.encyclop.r/r859861.htm (abgerufen am 01.04.2006)

Österreichisches Rotes Kreuz (2005): Struktur und Organisation. URL: http://www.roteskreuz.at/36.html (abgerufen am 08.03.2006)

ORF Futurezone (2006): MySpace macht Jagd auf Internet-Riesen. U RL: http://futurezone.orf.at/it/stories/90833/ (abgerufen am 03.03.2006)

Paulos, Eric / **Goodman,** Elizabeth (2002): Familiar Stranger Project. URL: http://berkeley.intel-research.net/paulos/research/familiarstranger/index.htm (abgerufen am 17.02.2006

Power, Penny (2005): Ecademy was Founded in Pizza Express in 1998. URL: http://www.ecademy.com/node.php?id=914 (abgerufen am 03.03.2006)

Ratzinger, Josef / **Hamer,** Jérome (1983): Urteil der Kirche unverändert – 26. November 1983. URL: http://www.vatican.va/roman_curia/congregations/cfaith/documents/rc_co n_cfaith_doc_19831126_declaration-masonic_ge.html (abgerufen am 15.02.2006)

Roush, Wade (2005): Social Networking 3.0. URL: http://www.technologyreview.com/InfoTech/wtr_15908,258,p2.html (abgerufen am 03.03.2006)

Ryze (o.J.): URL: www.ryze.com (abgerufen am. 03.03.2006)

Täubner, Mischa (2005): Leichter Zugriff auf Vitamin B, in: Financial Times Deutschland vom 16.09.2005. URL: http://corporate.openbc.com/de/presse/pressespiegel/single-news/news/leichter-zugrif/1.html (06.03.2006)

Wikipedia (2006): Maslowsche Bedürfnispyramide, in: Wikipedia, Die freie Enzyklopädie. Bearbeitungsstand: 16. März 2006, 09:18 UTC. URL: http://de.wikipedia.org/w/index.php? title=Maslowsche_Bed%C3%BCrfnispyramide&oldid=14708639 (abgerufen am 18.03.2006)